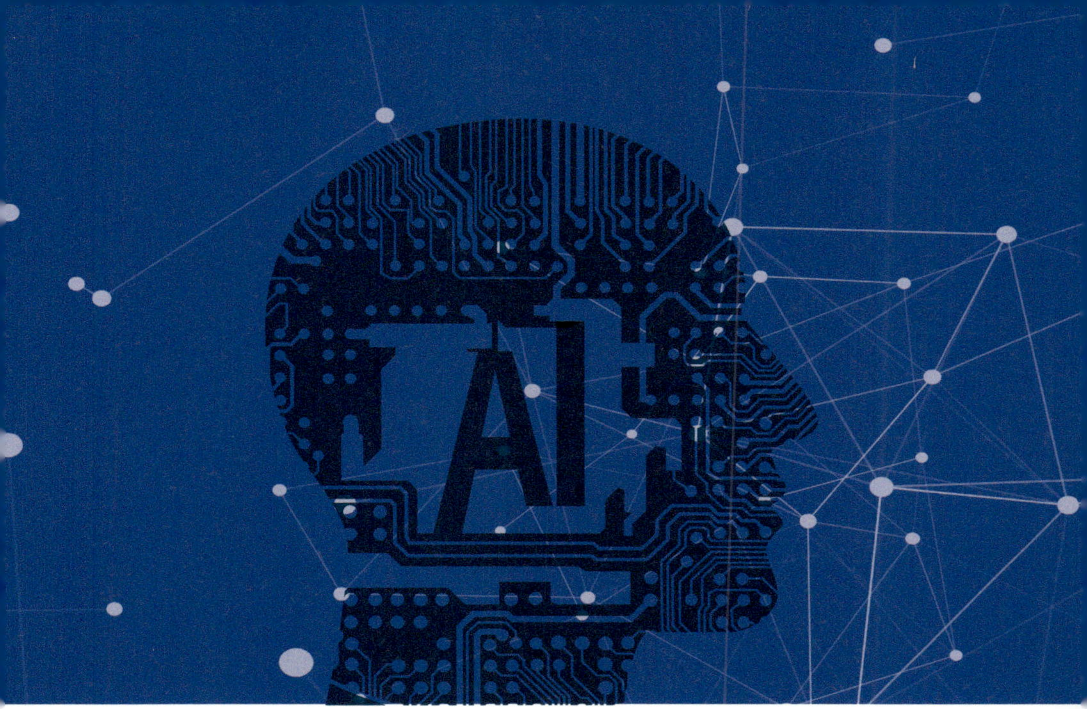

인공지능의 이해와 뉴스 미디어 영상분석

박 노 일

북 넷

※ 본 저서는 '2021 한국방송학회-지에스리테일 방송/영상분야 저술 출판 지원'에 의해 수행되었음

들어가는 말

이 책은 미디어 연구자 관점에서 인공지능(AI: Artificial Intelligence)의 기본 원리를 이해하고 알고리즘을 활용하여 미디어 영상 데이터를 분석하는 절차를 안내하고 있습니다. 요즘은 인공지능이 다양한 현상을 분석 · 예측할 뿐만 아니라 새로운 콘텐츠를 창작하는 주체로 등장하고 있습니다. 미디어 학계에서도 지능형 미디어나 커뮤니케이션 융합연구가 대세일 것으로 전망합니다. 아마도 지금 미디어 연구자들에게 필요한 것이 있다면 인공지능 지식과 기술을 자기화하고 독립적으로 인공지능 활용연구를 추진할 수 있는 역량일 것입니다. 이 저서는 컴퓨터 공학자나 개발자 관점에서 인공지능 기술발전 현황이나 산업동향을 점검하기보다는 인문사회과학 분야의 미디어 연구자 관점에서 인공지능의 기본 원리를 소화하면서 지능형 알고리즘을 활용한 뉴스 미디어 분석 연구의 구체적인 사례와 활용 가능성을 공유하는 데 목적을 두고 있습니다.

일각에서는 소위 'AI 퍼스트(first) 시대'가 도래했다고 합니다. 4차 산업혁명 시대는 인공지능이 세상을 이해하고 인간과 소통하는 시대라는 것이지요. 실제 다수의 연구자와 실무자들은 인공지능 기술의 등장이 마치 인류에게 전기발명과도 같은 새로운 굵기를 제공하며 평범한 일상의 삶과 비즈니스 세계에 파고들고 있다고 강조합니다. 시대변화를 반영하듯 미디어산업 실무도 지능형 미디어 기술을 흡수하여 진화 중이고 미디어 학계에서도 언론의 인공지능 기술활용과 이슈를 점검하면서 선도적인 AI 활용 미디어 연구들이 등장하고 있습니다. 하지만 미디어 전공자가 인공지능을 활용한 연구를 진행하기가 상대적으로 쉽지 않은 실정입니다. 왜 그럴까요?

인공지능 로봇을 활용한 보도기사 작성, 광고문구, 콘텐츠제작 등 인공지능 기술을 활용한 미디어와 커뮤니케이션 실무의 인공지능 응용 활성화와 달리 학계의 연구성과가 미진한 이유는 다음과 같이 유추할 수 있습니다. 먼저 컴퓨터 프로그래밍 개발자가 아닌 비전공자(인문사회과학전공 배경의 미디어 연구자 등)가 머신러닝, 딥러닝 등의 기본 원리를 체계적으로 이해하고 인공지능 알고리즘을 뉴스 미디어 분석연구에 응용하는 과정을 친절히 안내하는 저서가 부족하기 때문입니다. 비록 일부 인공지능을 활용한 선행연구에도 컴퓨터 공학자나 데이터 과학자가 주도하고 있는 상황 등을 고려하면, 미디어와 커뮤니케이션 학계 전반에 걸쳐 인공지능 알고리즘의 기본적인 작동원리와 실제적인 활용법을 누구나 쉽게 이해하고 연구에 응용 · 구현할 수 있는 가이드라인 저술이 필요합니다.

이러한 배경에서 이 저서는 미디어 등 인문사회 과학자의 시각에서 인공지능을 쉽게 이해하고 활용할 수 있는 안내자 역할을 합니다. 인공지능이 왜 전통적인 확률통계 분석의 한계를 넘어 범용적인 기술로 등장했는지를 인공지능의 개념과 원리를 소개하고, 인공지능을 활용한 뉴스 미디어 데이터의 분석 및 구현 사례를 세밀히 제공하고 있습니다. 미디어 연구자 관점의 인공지능 개념과 원리이해 및 인공지능 활용 뉴스 보도사진의 감정분석 지침서로 본 저서는 크게 세 개의 장을 구성하였습니다.

구체적으로 제1장에서는 〈인공지능 개념과 역사〉를 제시하여 미디어와 커뮤니케이션 연구자의 관점에서 인간의 뇌와 지능, 인공지능 개념 및 등장 역사 등을 파악할 수 있는 내용을 담고 있습니다. 두 번째 장인 〈인공지능 기본 원리〉는 인공지능을 공부하는 지식인이라면 반드시 알아야 하는 인공지능 유형분류, 기계학습, 심층학습, 강화학습, 인공 신경망(ANN), 합성곱 신경망(CNN), 순환 신경망(RNN), 생성적 대립 신경망(GAN) 등의 구동체계를 쉽게 이해할 수 있도록 설명하고 있습니다. 마지막 장은 〈인공지능 기반 미디어 연구동향과 활용법〉으로 미디어 커뮤니케이션 연구자에게 실질적인 도움을 줄 수 있도록 구글코랩(google colab)을 활용하여 뉴스 보도사진 데이터(이미지)를 분석하는 절차를 담고 있습니다.

이 저서의 잠재적인 독자는 다음과 같이 생각하고 이야기를 풀어나갔습니다. 먼저 컴퓨터 공학 등 유관전공을 하지 않은 미디어와 커뮤니케이션 등 인문사회과학 분야의 학부 · 대학원생들의 눈높이에 맞춰진 도서입니다. 단순히 인공지능 기술 등장에 따른 커뮤니케이션 관점의 해석과 전망을 논하기보다는 실제 인공지능 프로그램 코딩절차를 따라하면서 언론사의 보도사진 이미지에 등장한 정보원의 감정분석 절차를 구체화할 수 있도록 준비했습니다. 독자의 범위를 넓히면 인문사회과학 관점에서 인공지능을 이해하고 관련 알고리즘을 직접 구현해 보고 싶은 이 시대의 지식인에게도 참고할만한 안내서가 될 수 있도록 인공지능의 핵심원리 및 구현과정을 담고 있습니다. 특히 이 책은 가능한 컴퓨터 코딩과 수학적 수식은 최대한 줄이고 인문사회계열 전공자가 이해할 수 있도록 노력했습니다. 물론 파이썬(Python)이나 기본적인 코딩 역량이 있으면 이 책을 이해하기가 훨씬 수월할 수 있습니다. 하지만 이 책은 소위 '인공지능 활용 효능감(AI Use Self-efficacy)'를 높일 수 있도록 AI 개념과 체계를 친절히 설명함으로써 누구나 어렵지 않게 AI를 활용하여 뉴스 미디어 연구의 첫발을 내디딜 수 있도록 안내하고 있습니다.

이제는 초등학생들도 인공지능을 공부하는 시대입니다. 또 '입코딩'의 시대가 도래하고 있습니다. 실제 말로서 코딩하는 OpenAI Codex처럼 누구나 쉽게 인공지능 기술을 활용할 수 있는 소프트웨어의 민주화가 급속도로 발달하고 있습니다. 기성 인문사회 및 미디어커뮤니케이션 학계 전공자들도 '일단 시작'하면 누구나 인공지능 기술을 이해하고 활용할 수 있습니다. 'Just do it' 광고 문구처럼 주저하지 말고 도전해 보기 바랍니다. 우리 모두의 경험과 각자의 축적된 지식정보, 인공지능 지식기술과 버무려져, 미디어 커뮤니케이션 등 다양한 인문사회과학 분야에서 인공지능 활용 응용연구가 더욱 활성화하기를 기원합니다.

감사합니다.

2022. 8. 5.

박 노 일

차 례

CHAPTER 1 인공지능 개념과 역사

1.1 인간지능과 인공지능 ······ 11

1.2 인공지능의 발전단계 ······ 19

1.3 인공지능의 유형분류 ······ 30

CHAPTER 2 인공지능의 기본원리

2.1 인공 신경망(ANN) ······ 45

(1) 인공 신경망(ANN) 기본구조 47

(2) 활성화 함수(Activation Function) 52

(3) 오류 역전파와 경사 하강법 60

(4) 데이터 분할과 머신러닝 분석절차 67

2.2 합성곱 신경망(CNN) ······ 73

(1) 합성곱 신경망(CNN) 등장과 기본 개념 81

(2) 합성곱 신경망(CNN) 구조와 특징 86
(3) 합성곱 신경망(CNN)의 분석절차 95

2.3 순환 신경망(RNN) ······ 101

(1) RNN(RNN: Recurrent Neural Networks) 102
(2) LSTM(LSTM: Long Short-Term Memory) 111

2.4 생성적 대립 신경망(GAN) ······ 119

CHAPTER 3 인공지능 기반 미디어 연구동향과 활용법

3.1 인공지능 활용 미디어 영상분석 연구동향 ······ 133

3.2 구글코랩 설치와 GitHub 이용법 ······ 149

3.3 뉴스 이미지 데이터 검색과 얼굴 감정분석 ······ 157

(1) 네이버 오픈 API 활용 뉴스 미디어 데이터 수집 157
(2) 네이버 CFR API 활용 뉴스 정보원 얼굴 감정분석 162
(3) OpenCV와 DeepFace 활용 뉴스 정보원 얼굴 감정분석 174
(4) Keras와 FER-2013 데이터 세트 활용 얼굴 감정분석 179

• 참고문헌 189

• 찾아보기 199

CHAPTER 1

인공지능 개념과 역사

1.1 인간지능과 인공지능
1.2 인공지능의 발전단계
1.3 인공지능의 유형분류

1.1 인간지능과 인공지능

인공지능(Artificial Intelligence)을 제대로 이해하기 위해서는 인간의 지능(知能: intelligence)과 뇌(腦: brain)에 관한 기본적인 지식이 필요합니다. 인공지능이란 컴퓨터가 인공적인 혹은 인위적인 지능을 가졌다는 말이기 때문이지요.

인공적, 혹은 인위적(artificial)이라는 말은 자연적인 것이 아닌 것으로, 사람의 힘으로 만든 것(man-made)을 뜻합니다. 그러면 '지능이란 무엇일까요? 표준국어대사전에서는 지능을 '새로운 대상이나 상황에 부딪혀 그 의미를 이해하고 합리적인 적응 방법을 알아내는 지적 활동의 능력'으로 정의하고 있습니다. 그렇다면 인공적인 지능인 '인공지능'은 우리가 흔히 생각하는 '인간지능'과 같은 말인가요?

이에 대해 답하기 위해서는 먼저 '지능'을 가진 인간의 뇌의 구조와 기능에 대한 이해가 필요합니다. 우선 인간의 뇌를 간단히 말하면 신경세포, 즉 뉴런(neuron)과 신경세포를 연결해 주는 신경교세포(glia)의 덩어리라고 할 수 있습니다. 신경세포는 뇌에서 화학적 또는 전기적 신호를 주고 받는 기능을 하고, 신경교세포는 신경세포가 아닌 세포들로 신경세포의 기능을 보조하는 역할을 합니다. 비유하면 뇌에서 신경세포는 신호를 한 곳에서 다른 곳으로 전달하는 실질적인 네트워크를 말하고, 신경교세포는 이러한 연결망이 제대로 작동할 수 있게 도와주는 도우미라고 할 수 있습니다.

흥미로운 점은 신경세포들이 모두 제각각 물리적으로 떨어져

그림 1-1 신경세포의 구조

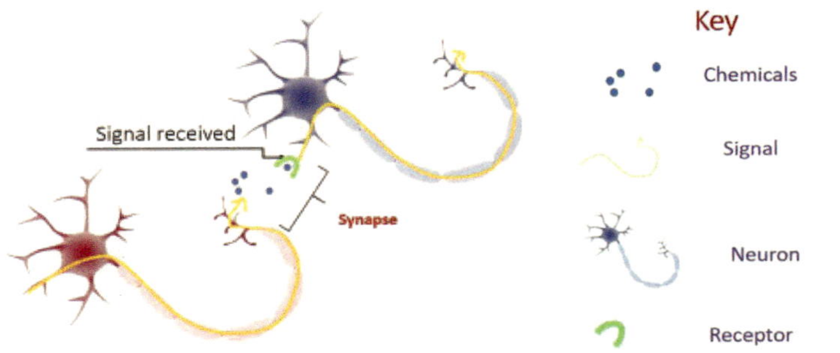

출처: The British Neuroscience Association

있다는 것입니다. 비록 미세하지만, 각각의 신경세포는 독립적인 존재라는 말이죠. 〈그림 1-1〉과 같이 신경세포는 다른 신경세포와 구조적으로 분절되어 있으며, 시냅스(synapse)를 통해 다른 신경세포로부터 화학적인 신호를 받아 또 다른 신경세포로 전달하는 구조로 되어 있습니다.

하지만 이러한 신경세포에 관한 해부학적인 지식은 19세기 말까지만 해도 지금과는 아주 달랐습니다. 당시의 지배적인 견해는 뇌의 신경세포들은 서로 물리적으로 연결된 하나의 구조라는 관점이었습니다. 다시 말해, 뇌 신경세포들은 하나의 크고 연속적인 신경망으로 구성되었다는 것이지요. 스페인의 산티아고 라몬 이 카할(Santiago Ramón y Cajal, 1852~1934)과 카밀로 골지(Camillo Golgi)는 신경세포가 분리된 개별 세포임을 과학적으로 밝혀 1906년 노벨 생리의학상을 받기 이전까지는 그랬습니다.

카할은 뇌의 근본적인 특징은 〈그림 1-2〉의 왼쪽과 같이 신경세포가 독립적인 단위이자 또 조직적으로 연결 가능한 구조형태를 나타낼 것이라고 가정했습니다. 이는 신경세포들이 물리적으로

그림 1-2 카할이 염색법을 통해 관찰한 신경망(왼쪽)과 신경과학 관련 강의 자료 이미지(오른쪽)

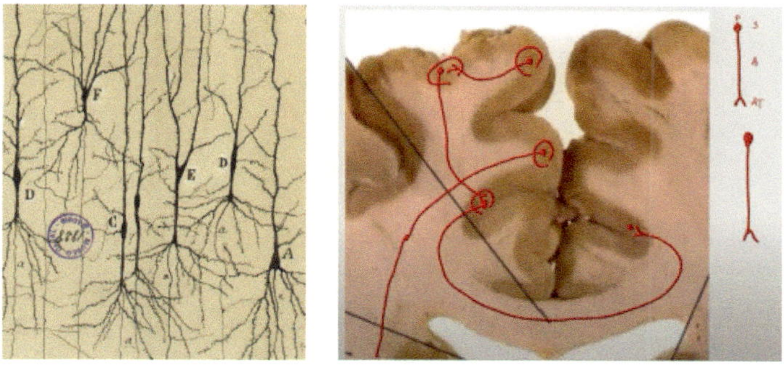

출처: nobelprizemuseum.se / 신학승 (2021)

연결된 존재가 아닌 독립적인 존재일 것이라는 뉴런학설(Neuron Doctrine)의 토대입니다. 카할은 모든 뇌의 공통분모는 신경세포이며 뇌는 신경세포의 사회라고 묘사했습니다. 즉 신경세포의 조직적인 연결망이 뇌이며, 뇌의 기능적인 공통목표는 외부환경과 유기체의 행동적 상호작용을 조정하는 데 있다고 봤습니다. 실제 카할은 골지 염색법을 이용하여 뇌 신경세포들을 염색하고 이를 정교하게 그림으로 그려냈고 이러한 성과를 인정받아 1906년 노벨 생리의학상을 수상받았습니다. 또한 〈그림 1-2〉의 오른쪽 이미지는 요즘 대학교 신경과학개론 강의에서 실제 활용하는 뇌의 단면 슬라이드입니다. 사진 위에 실선으로 그려놓은 약어(S → A → AT)를 보면 알 수 있듯이 뉴런 세포체(soma)에서 축삭(axon), 축삭 터미널(axon terminal)이 회백질(gray matter)과 백색질(white matter) 구역에서 각각 독립적으로 조직화하고 있는 모습을 설명하고 있습니다. 즉 신경세포들은 물리적으로 미세하게 독립적이면서도 아주 긴밀한 상호 연결구조로 조직화하여 존재하고 있음을 보여주

그림 1-3 인간 뇌의 구조와 기능

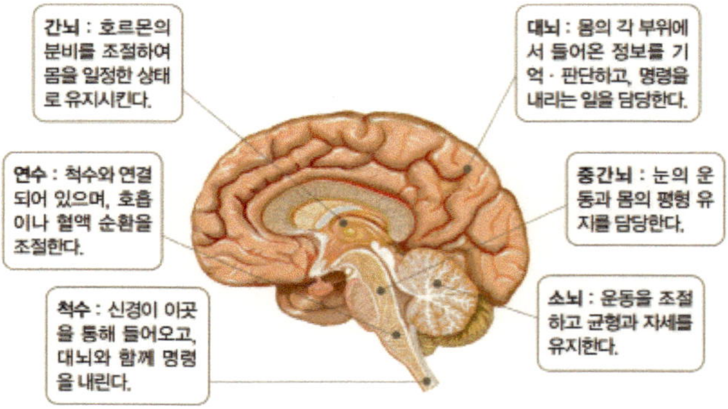

출처: 초등과학 개념 사전

고 있습니다.

흔히들 신경세포의 연결망 구조인 인간의 뇌를 일컬어 현존하는 가장 효율적인 컴퓨터라고 합니다. 뇌는 성인 몸무게의 2%(1.4kg)밖에 안 되지만 신체 에너지의 약 20%를 소비합니다. 실제 〈그림 1-3〉과 같이 대뇌, 소뇌, 중간뇌, 간뇌, 연수, 척수 등으로 구성된 우리의 뇌는 몸의 각 부위에서 들어오는 자극을 판단하고, 우리 몸의 균형을 유지하고 조절하기 위해서 우리가 매일 먹는 음식으로 만들어 낸 에너지의 1/5을 사용한다는 말입니다. 인간이 다양한 환경에서 생존하는데 필요한 정보처리와 해석기능을 뇌가 담당하고 있기 때문입니다.

인간 뇌의 신경세포를 살펴보면, 약 860억 개의 신경세포와 860억 개의 비신경세포(non-neuron)가 있다고 합니다. 인간 뇌의 신경세포의 수는 학자마다 다르지만, 가장 정확한 수치는 〈그림 1-4〉와 같이 브라질의 신경과학자인 허큘라노-하우젤(Herculano-Houzel)이 밝혀낸 숫자입니다. 그녀에 따르면 신경세포는 860억 개, 비

그림 1-4 인간 뇌의 신경세포 숫자를 밝힌 수잔나 허큘라노-하우젤 (Suzana Herculano-Houzel)

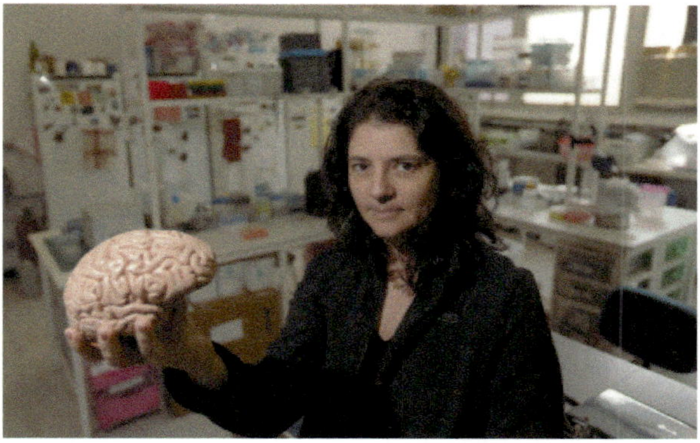

출처: The New York Review

신경세포(신경교세포 등)는 약 850억 개로 약 1 : 1의 비율을 나타냅니다. 또 860억 개의 뇌세포들을 서로 연결한 구조인 시냅스는 약 100조 정도가 됩니다. 결국, 인간은 860억 개의 뉴런들이 실타래처럼 얽혀있는 100조 개의 시냅스를 통해 보고 듣고 느끼고, 경험하고, 배우고 기억하고 판단하며 또 행동한다는 말입니다.

인간이 어떠한 지적능력을 갖추고 있다는 것은 약 860억 개의 신경세포가 서로 긴밀히 상호작용하여 외부자극을 이해하고 이를 토대로 나름의 평가와 판단을 내려 행동한다는 것이지요. 인간 뇌의 존재 목적은 생존과 번식을 위해 신체를 기관을 조절하는 데 있습니다. 진화를 거듭하면서 인간이 처한 환경에서 생존하고 자신의 유전자를 후대에 남기기 위해서는 뇌의 기능에 전적으로 의존할 수밖에 없었습니다. 이런 진화과정을 통해 인간의 뇌는 시각, 청각, 촉각, 후각 등 외부자극을 분석하고 나아가 과거의 기억, 회상, 사고, 연산, 기호화, 추상화, 이해, 학습 등 고등수준의 인지기능을 발휘합니다.

그래서 인간의 지능이란 유전적으로 발달한 신경세포의 조직체계인 뇌가 외부환경이나 새로운 자극을 해석하고, 문제를 해결하기 위해 사전에 축적한 지식과 경험을 활용하는 능력으로 정의할 수 있습니다. 즉 인간의 지능이란 어떠한 성취, 혹은 결과물이라기보다는 어떠한 문제를 해결할 수 있는 역량 또는 그럴 수 있는 능력의 수준을 말하는 것이지요. 따라서 인간지능이란 생물학적으로 구성된 뇌 신경세포의 덩어리가 외부의 자극을 시각, 청각, 촉각, 후각 등을 통해 지각할 뿐만 아니라 아이디어, 상징, 관념, 원리 등 추상적인 개념을 내재화하여, 자신이 처한 환경에 응용하고, 또 새로운 지식을 창출함으로써 오류를 최소화할 수 있도록 학습하는 능력을 의미합니다.

그러면 기계가 인간처럼 지능을 가졌거나 잠재적으로 그러한 지적능력을 갖출 수 있을 때, 인공적인 지능이 있다고 할 수 있겠네요. 물론 인간의 지능이 인공지능의 이상이자 모델일 수는 없겠습니다. 그러나 아직 인공지능은 인간의 뇌를 중심으로 한 인지시스템이 작동하는 원리를 이상적인 체계로 간주하며 발전해 왔다고 봐도 크게 틀리지는 않을 것입니다. 그래서 사람처럼 생각하고 행동하는 컴퓨터나 로봇을 연구합니다. 또한, 사람을 기준으로 컴퓨터나 기계가 더 잘할 수 있는 분야에 관한 인공지능 응용연구가 한창입니다.

어쨌든 인공지능에 관한 정의는 다양합니다. 역사적으로 'Artificial Intelligence'란 용어는 1956년 다트머스 콘퍼런스에서 존 매카시(John McCarthy)가 처음 제안했는데요. 당시 세계 최초로 알려진 30톤짜리 범용 컴퓨터인 에니악(Eniac: Electronic Numerical Integrator And Computer)의 등장은 인공지능에 관한 생각의 탄생과 개념적 정의의 기준이었습니다. 지금의 전자계산기보다 못한 수준이었지만 당시 인간의 계산능력을 뛰어넘는 기계의 등장은 큰 충격을 주었나 봅니다. 그래서 다트머스 대학에서 개최된 학회에서 매카시는 동료 연구자들과 함께 인공지능을 학문적으로 지능을 가진 기계를 만드는 과학과 공학(the science and engineering of making intelligent machines)이라고 정의했습니다. 물론 앞서 이야기한 대로 '지능'이라는 개념이 여전히 모호한 면이 있지만, 인공지능은 기계(machines)가 인공적인(artificial) 지능을 갖도록 하는 학문이란 말입니다.

인간이나 동물 등이 가진 자연지능(natural intelligence)이 아닌 인위적인 지능을 기계가 갖도록 하는 것, 결국은 인공지능은 기계가 무엇인가를 배우고 학습해서 판단할 수 있는 주체라고 전제하는 것이지요. 통상 프로그래머들이 일일이 손수작업해서 만들어 놓는 프로그램과 달리 인공지능은 스스로 학습(learning)한다는 것이 핵심입니다. 어쨌든 인공지능을 바라보는 관점은 러셀과 노르비그(Russell & Norvig, 2021)가 쓴 인공지능에 관한 근대적 접근(Artificial Intelligence-A Modern Approach)을 통해 〈표 1-1〉과 같이 살펴볼 수 있습니다.

표 1-1 인공지능에 관한 네 가지 관점

구분	인간적(humanly)	합리적(rationally)
생각 (thinking)	❷〈인간적인 사고〉 인간처럼 생각하는 AI (the cognitive modeling approach)	❶〈합리적인 사고〉 합리적으로 생각하는 AI (the 'laws of thought' approach)
행동 (acting)	❸〈인간적인 행동〉 인간처럼 행동하는 AI (the Turing test approach)	❹〈합리적인 행동〉 합리적으로 행동하는 AI (the rational agent approach)

〈표 1-1〉의 제1영역은 합리적으로 생각(사고)하는 인공지능 관점입니다(the 'laws of thought' approach). 고대 아리스토텔레스처럼 정확한 논리(예, 모든 사람은 죽는다. 소크라테스도 사람이다. 고로 소크라테스도 죽는다)를 근거로 문제를 해결하는 시각인데요(the study of the computations that make it possible to perceive, reason, and act). 분명한 근거와 논리를 통해 문제의 해답을 구할 수 있다는 AI 관점은 때론 복잡한 상황, 혹은 비논리적인 문제를 해결하지 못하는 단점을 가지고 있습니다. 제2영역은 인공지능이 인간처럼 생각하고 판단하는 인지모형 관점입니다(the cognitive modeling approach). 인간이 혹은 우리의 뇌가 어떠한 대상에 대해 관찰하고 추론하고 판단하는 과정처럼 AI 알고리즘도 입력정보를 분석하여 결과를 산출하는 과정을 인간의 사고와 추론과정과 유사하게 진행함으로써 문제를 해결한다는 시각입니다(the new effort to make computers think).

제3영역은 인간처럼 행동하는 인공지능 관점입니다(the Turing test approach). 1950년에 알랭 튜링(Alan Turing)이 고안한 튜링 테스트를 통해 AI를 이해하고자 한 접근법입니다. 튜링 테스트는 사람들에게 컴퓨터가 인간처럼 행동하는지 아닌지를 실험으로 조사했을 때 만약 일정 기준을 넘어서면 인공지능이 인간처럼 지능을 지녔다고 간주하는 것이지요(the art of creating machines that perform functions that require intelligence when performed by people). 마지막으로 제4영역은 합리적 행위자 관점(the rational agent approach)은 논리적으로 외부환경을 인식, 추론, 판단할 뿐만 아니라 독자적으로(autonomously) 환경변화에 적응하고 그에 부합하는 최적의 목적을 달성할 수 있는 주체로서 인공지능을 바라보는 관점입니다. 앞서 논한 '합리적으로 생각하는 AI 관점'을 포함하면서 세상에 존재하는 실재하는 비논리적, 비합리적인 상황에서도 최적의 선택과 최대의 효과를 창출하는 실제적인 AI를 발전시켜야 한다는 관점입니다(computational intelligence is the study of the design of intelligent agents). 이는 나름대로 다수의 연구자에게 선택받을 수 있는 관점인 듯합니다.

어쨌든 인간의 지능을 한마디로 정의하기가 난해하듯 인공지능 또한 개념정의가 쉽지 않습니다. 인공지능에 관한 관점과 개념 정의도 시대적으로 변하기 때문입니다. 예를 들면 현재의 인공지능 기술의 발전수준을 고려해 봤을 때, 과거의 전자계산기나 튜링 테스트를 통과한 장기, 체스게임용 컴퓨터 프로그램 등을 인공지능으로 간주하기가 어렵겠지요. 이처럼 인공지능에 관한 개념과 정의는 세월에 따라 계속해서 진화하고 있습니다. 이어서는 인공지능의 등장은 언제이고 또 어떠한 궤적을 남기며 지금까지 발전해 왔는지 살펴보겠습니다.

1.2 인공지능의 발전단계

[인공 신경망(ANN: Artificial Neural Network) 시대]

1950년대부터 1970년대까지는 인공지능의 태동기입니다. 1950년에 알랭 튜링의 튜링 테스트는 생각하는 기계(thinking machines)에 관한 관심을 촉발했지요. 튜링 테스트는 컴퓨터가 사람과 동등한 지적인 행동을 보여줄 수 있는지를 살피는 실험입니다. 사람이 컴퓨터로 채팅을 하는 동안 상대방이 진짜 사람인지 아니면 컴퓨터인지를 감별하는 과정에서 상대방이 사람인지 컴퓨터인지를 구분하기 어렵다면 인공지능으로 인정받는 것을 말합니다. 그래서 튜링 테스트가 인공지능을 실증적으로 정의한 첫 번째 연구라고 할 수 있지요. 이후에 다트머스 대학교에서 개최한 학회에서 존 매카시(John McCarthy)가 인공지능이라는 용어를 처음 사용하였고, 인공지능 관련 컴퓨터 프로그램인 리스프(LISP)를 개발하기도 했습니다. 매카시는 인공지능 연구의 목표가 '인간처럼 만드는 것이 아니라, 인간과 유사하게 생각하며 인간의 사고를 뛰어 넘으려는 것'이라며 인간의 지능을 활용한 문제해결의 방향을 제시했습니다.

1950년부터 1970년대까지는 인공지능에 관한 학문적 관심과 연구가 태동하고 또 좌절(제1차 겨울)을 맞은 시기입니다. 당시 인공지능 개발의 핵심은 추론과 탐색이었데요. 마치 인간처럼 생각하고 문제를 풀 수 있는 인공지능을 구현하려는 연구는 1970년대까지 활발히 진행되다가 간단한 문제풀이를 넘어 좀 더 복잡한 문제를 푸는 수준까지는 도달하지 못했습니다. 결국, 인공지능 연구의 붐은 이후 급격한 빙하기를 맞이하게 됩니다.

실제 다트머스 콘퍼런스에서 매카시는 인공지능이 앞으로 20년 이내 세상의 대부분 문제를 해결할 것이라는 장미빛 전망을 했지만, 일반적인 지능을 가진 프로그램을 만드는 것이 생각보다 어렵다는 것을 알게 되면서 침체기를 겪게 됩니다. 초기 인공 신경망(ANN: Artificial Neural Networks)연구에 큰 영향을 미친 연구는 1957년에 프랑크 로젠블라트(Frank Rosenblatt)가 구현한 단층 퍼셉트론(perceptron)입니다. 입력 → 연결 → 출력층으로 구성된 신경망입니다. 입력층은 외부의 자극을 받아들이고, 연결망은 입력층의 가중치를 받아 출력층으로 전달하여 출력층에서 최종적인 결과를 산출하는 구조입니다. 이러한 구조의 퍼셉트론은 연결망의 가중치를 조정할 수 있도록 반복적인 학습을 합니다. 가장 간단한 형태의 순전파(forward) 선형분류기인 퍼셉트론은 인공 신경망이 입력 데이터와 연결망의 연산에 따른 가중치 값이 어느 정도 활성화하는가에 따라 결과를 판단할 수 있는 논리적 토대를 제공해 주었습니다.

1959년에 아서 새뮤얼(Arthur Samuel)은 '머신러닝(machine learning)'이란 용어를 고안하고 대중화한 인물입니다. 당시의 새뮤얼은 '머신러닝'을 자기 스스로 가르치는 컴퓨터 'self-teaching computers'라고 정의하면서 세계 최초의 자기 학습 프로그램인 Samuel Checkers-Playing Program을 개발했습니다. 사뮬엘의 체커 프로그램은 강화학습(reinforcement learning)의 핵심인 스스로 오류를 최소화하는 방향으로 학습하는 알고리즘의 시초라고 할 수 있습니다.

이후 1962년에 신경생리학자인 휴벨과 비젤(Hubel & Wiesel)은 고양이의 뇌가 시각적인 정보를 받아들이는 과정에 특정한 패턴

그림 1-5 휴벨과 비젤의 고양이 시각피질 연구

출처: David H. Hubel (NeuroBiology)

이 있음을 실험을 통해 밝혀냈습니다. 좀 잔인하지만, 당시에 진행한 실험은 〈그림 1-5〉처럼 고양이에게 어떤 특성을 가진 글자나 이미지를 시각자극으로 제시하면 고양이의 뇌가 자극물의 각진 모서리, 갈래 등 특징적 속성에 먼저 반응한 다음에 더 복잡한 뉴런활동으로 전체 대상물을 감지한다는 것입니다. 이러한 발견은 고양이 뿐만 아니라 이후 원숭이 실험에서도 같은 패턴이 나타났다고 합니다. 고양이 뇌의 시각자극에 관한 반응실험은 인공 신경망 연구자들에게 새로운 인사이트를 제공해 주었습니다. 고양이가 시각적 이미지 자극에 위계적(단계적)으로 반응하는 방법은 컴퓨터가 방대한 이미지 벡터의 데이터를 효율적으로 분석할 수 있는 틀이 되었고, 특히 뇌 활성화의 위계적 구조를 이해하면서 인공 신경망의 응용기술인 합성곱 신경망(CNN: Convolutional Neural Network) 연구의 토대를 제공하였습니다.

이후 1969년에 민스키와 페퍼트(Minsky & Papert, 1969)가 'Perceptrons'란 저서를 통해 단일 퍼셉트론의 한계를 지적하면서 인공지능에 관한 연구가 한동안 시들해집니다(1차 AI 겨울). 1974년에 소개된 역전파 알고리즘과 전문가시스템 발표 등으로 1980년대 초반에는 신경망연구의 재개시도가 있기도 했습니다. 하지만 컴퓨터 하드웨어나 정보처리 연산기술의 더딘 발전과 인간과 대화할 수 있는 지능형 컴퓨터개발 실패 등으로 지지부진한 AI 연구 시기를 맞이합니다(2차 AI 겨울).

[머신러닝(Machine Learning) 시대]

1980년대 중반부터 2010년 초반까지는 다시 인공지능 연구의 부흥기를 이끈 머신러닝(기계학습)의 시대입니다. 1986년 럼멜하트와 동료들(Rumelhart, Hinton, & Williams, 1986)이 오류역전파 알고리즘(backpropagation algorithm)을 재발견하면서 통계학, 정보이론, 최적화이론 등 다양한 분야에서 머신러닝을 활용하게 되었습니다. 1988년 르쿤과 동료들(LeCun, et al., 1998)이 또 CNN과 오류역전파를 활용하여 우편번호 이미지(손 글씨의 숫자)를 분류하는 대회에서 우승을 차지함으로써, CNN의 유용성을 널리 알리는 계기를 마련하였습니다. 특히 2006년에 제프리 힌톤과 동료들(Hinton, et al., 2006)이 'A Fast Learning Algorithm for Deep Belief Nets' 논문을 발표함으로써 그동안 불가능이라 여겨졌던 비지도 학습방법(unsupervised learning)이 가능한 심층학습시대를 앞당겼습니다.

[딥러닝(Deep Learning) 시대]

2012년에는 딥러닝을 활용한 IBM의 'Wathon'이 인간과 퀴즈대결에서 우승을 차지해 세간의 시선을 끌었습니다. 왓슨(Watson)은 IBM의 DeepQA 프로젝트 팀에서 개발한 자연어(natural language)로 된 질문에 답할 수 있는 질의응답 컴퓨터시스템입니다. IBM의 설립자이자 첫 번째 CEO인 토마스 왓슨(Thomas J. Watson)의 이름을 딴 왓슨은 2011년에 개최한 퀴즈쇼인 'Jeopardy'에서 당시 챔피언 브래드 러터와 켄 제닝스(Brad Rutter and Ken Jennings)를 제치고 우승을 하여 약 100만 달러 상금을 차지했습니다. 그동안 고난도인 퀴즈 쇼만큼은 인간만의 영역으로 간주했기 때문에 충격을 주었지요.

2012년에 개최한 이미지넷 경진대회(ILSVRC: ImageNet Large Scale Visual Recognition Challenge)에서도 토론토 대학의 알렉스 크리젠스키(Alex Krizhevsky)가 고안한 CNN이 마의 한계였던 75%를 깨고 84.7%의 놀라운 정확도를 보여주었습니다. 이미지넷 경진대회는 100만 개의 사진데이터(1,000개 유형)를 가지고 대회참여팀들이 얼마나 정확하게 이미지 유형을 구분하는지를 겨루는 대회입니다. 알렉스넷은 CNN을 토대로 심층 신경망(Deep Neural Network)을 설계하고 컴퓨터 CPU가 아닌 GPU를 활용하여 이미지 분류를 학습했습니다. 알렉스의 이름을 딴 알렉스넷(AlexNet)은 딥러닝의 붐을 알리는 신호탄이었으며, CNN 모델훈련을 위해서는 그래픽메모리(GPU)를 사용하는 것과 새로운 활성화 함수인 '렐루(ReLU)' 등을 포함함으로써 딥러닝의 토대를 마련하였습니다. 실제 그 이후 GPU를 활용한 딥러닝연구가 활성화했고, 결국 2015년의 이미지넷 경진대회에서는 96% 이상의 정확도를 달성하는 등 인공지능이 인간만큼 혹은 그와 유사한 수준까지 이미지를 분류할 수 있게 되었습니다.

이후 2014년의 Tesla의 자율주행(Autopilot) 기술발표와 함께 Facebook AI 리서치팀이 발표한 페이스북 이용자의 안면인식 프로그램인 '딥페이스(DeepFace)' 발표는 또 한편의 획기적인 인공지능의 발전상을 보여줍니다. 〈그림 1-6〉과 같이 딥페이스는 9개의

그림 1-6 딥페이스의 페이스북 이용자 얼굴인식 절차 예

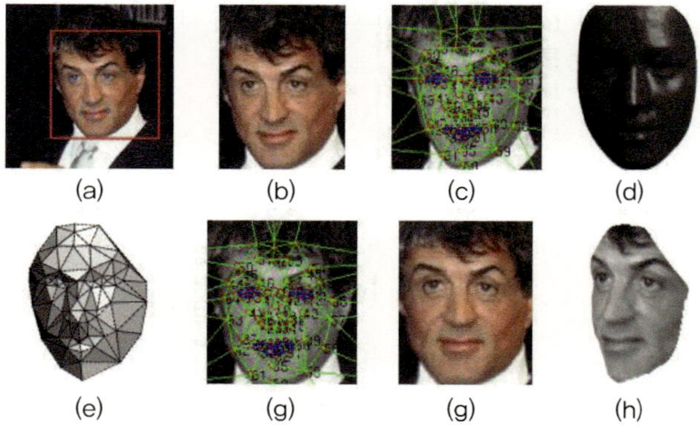

출처: Taigman, et al. (2014)

그림 1-7 2016년 3월 13일, 서울에서 개최한 알파고와 이세돌 대국 장면

출처: Reuters (2016)

인공 신경망 레이어(layers)를 활용하여 약 1억 2천만 개 이상의 연결가중치를 가진 알고리즘으로 페이스북 이용자가 올린 4백만 개의 이미지를 학습해서 이용자가 누구인지를 높은 정확도로 판별해 주었습니다. 통상 사람의 눈은 약 97.53%의 정확도를 가지는데 딥페이스도 97.35%(±0.25%)를 나타내 때론 인공지능이 사람의 얼굴을 인간보다 더 정확하게 구별할 수 있음을 보여주었습니다.

그리고 여러분도 잘 아시는 2016년 구글의 딥마인드(DeepMind)와 세계 최고의 바둑기사인 이세돌과의 대국입니다〈그림 1-7 참조〉. 구글의 딥마인드 팀은 이세돌과 인공지능 '알파고(AlphaGo)'가 바둑을 둬 5판 중 3판을 이세돌이 이긴다면 약 12억원을 상금으로 주겠다고 도전장을 낸 것이지요. 당시 체스는 몰라도 더욱 복잡한 바둑에서만큼은 인공지능이 인간을 이길 수 없다고 생각했습니다. 모두 이세돌의 전승을 기대했었지요. 하지만 결과는 인공지능이 4-1로 압승했지요. 알파고는 176개의 GPU로 구성된 고성능 컴퓨터로 16만 건이 넘는 바둑기보를 토대로 매일 3만번씩 학습하며 역량을 배양했다고 합니다. 2016년의 알파고와 이세돌

과의 대국은 인공지능의 큰 도약을 알리는 계기였습니다. 이후 인공지능 기술은 현재에 이르기까지 우리 일상의 모든 영역에 파고들고 있습니다.

한편, 무서운 기세로 다가오고 있는 인공지능 기술이 이 세상을 모두 지배할 듯 강력한 지능을 지닌 존재로 발전할 것이라는 시각과 인공지능은 특정한 문제해결의 도구로 바라보는 관점이 공존하고 있습니다. 1980년 존 설(John R. Searle) 교수가 사용한 개념인 강인공지능(Strong AI: Artificial General Intelligence)과 약인공지능(Weak AI: Artificial Narrow Intelligence)인데요. 애초에 존 설(John R. Searle) 교수의 강 · 약 인공지능 개념은 컴퓨터를 인간지능을 갖춘 존재처럼 바라보거나 단지 문제해결에 필요한 도구로 접근하는 것을 비판하기 위한 틀이었습니다. 이후 인공지능의 발전상을 설명하는 프레임으로 유용하게 쓰고 있는데요. 강인공지능은 인간지능을 모방하거나 뛰어넘는 지능, 약인공지능은 인간의 문제해결에 필요한 도구로 바라보는 관점입니다. 여기에 초인공지능(Super AI: Artificial Super Intelligence)은 강인공지능에서 나아가 인간처럼 자아를 가진 존재를 의미합니다.

순서대로 약인공지능, 강인공지능, 초인공지능에 대해 간략히 살펴보겠습니다. 약인공지능(Weak AI)은 말 그대로 약한 인공지능으로 인간의 도구정도로 활용 가능한 인공지능입니다. 이 시각에서 보면 우리 인간은 쉽게 할 수 있었지만, 컴퓨터는 하지 못했던 분야를 인공지능을 활용해서 보완하는 데 중점을 두고 있습니다. 먼 훗날 인공지능이 어떤 행태로 발전할 것이라는 전망보다는 현재 우리 사회에 필요한 문제해결의 도구로 인공지능 기술을 활용하고자 하는 관점입니다. 물론 무수히 많은 다차원의 비정형 데이터를 분석하는 인공지능의 연산능력은 인간보다 압도적으로 높습니다. 하지만 인공지능이 인간처럼 스스로 인식하고 사고하며 판단하는 수준까지는 멀었다고 보는 것이지요. 실제 인공지능은 인간이 설계한 프로그램대로 많은 양의 데이터를 빠르게 분석하고 고차원적인 결과값을 도출합니다. 예를 들면 2,000만 개의 변수를 입력해서 어떠한 결과를 예측하게 하는 것은 인공지능이 인간보다 훨씬 더 잘합니다. 우리는 이러한 인공지능의 연산능력에 크게 의존하고 있지요. 따라서 인간의 지능은 매우 강력하지만, 컴퓨터의 연산능력이 가진 강점을 활용하여 문제를 활용할 수 있다는 관점이 약인공지능입니다.

현재까지 모든 인공지능은 약인공지능이라고 할 수 있겠네요. 2022년 현재 인공지능 기술은 상대적으로 지능을 갖춘 것으로 보이기도 합니다. 시뮬레이션 문제를 풀거나 자동차를 스스로 몰고 파킹도 할 수 있는 수준이니까요. 다시 말해 약인공지능은 완벽히 인간처럼 스스로 사고하면서 어떤 현상이나 상황의 문제를 찾아내서 해결할 수는 없지만, 제한된 범위나 영역에서 인간에게 필요한 문제해결의 도구역할을 할 수 있습니다. 현재 첨단 인공지능 기술이 인간을 능가하거나 유사한 성능을 보이는 수준을 나타내고 있지만, 결국 인간의 지능이나 학습능력의 일부를 구현한 것에 불과하다고 봅니다.

예를 들어, 암진단 왓슨(Watson), 그리고 이세돌과 알파고의 바둑대국도 결국은 '암진단'과 '임 진단 더 정확히', '바둑두기'와 '바둑 더 잘 두기'라는 인간의 능력일부를 흉내냈을 뿐이라는 것이지요. 즉 바둑의 규칙을 변경하면 이에 적응하지 못하기 때문에 인공지능은 지극히 인간이 만들어낸 프로그램에 지나지 않는다고 주장합니다. 한마디로 약인공지능은 인간에게 필요한 특정 영역에만 활용가능한 기술이라고 간주한 것이지요. 하지만 현재의 약

그림 1-8 인간처럼 데이터를 분석하고 판단하고 행동하는 강인공지능

출처: 이미지 SERRI Technologies

인공지능들은 일정 영역에서 이미 인간의 능력을 초월하기도 했으며, 인간이 할 수 없는 일도 해내고 있으므로, 약인공지능이더라도 단순히 주어진 문제를 해결하는 능력은 인간보다 뛰어날 수 있습니다.

강인공지능(Strong AI)은 〈그림 1-8〉이 묘사하고 있는 것처럼 인간과 유사하게 인공지능이 스스로 학습하고 행동한다는 것을 의미합니다. 즉 강인공지능은 약인공지능과 대비되는 용어로 우리 인간처럼 자의식을 가질 수 있다는 관점입니다. 인공지능이 스스로 어떤 현상이나 데이터를 분석하고 학습하여, 의미를 찾고 또 이에 맞는 판단과 행동을 인간처럼 한다는 것이지요. 공상과학영화에 자주 등장하는 인공지능을 탑재한 로봇이 그 예입니다. 약인공지능은 어떤 특정한 영역과 분야에 한정한 인공지능 활용성을 말하는데 강인공지능은 약인공지능 수준을 뛰어넘어 인간처럼 인식하고 판단하고 행동할 수 있다고 봅니다.

한마디로 인간의 뇌가 가진 지적능력을 컴퓨터가 가진다는 말인데요. 그러면 인간지성을 가진 컴퓨터는 또 하나의 인간으로 간주할 수 있게 되지요. 그렇기에 현재 제기된 문제들 대부분은 강인공지능으로부터 비롯된 것입니다. 하지만 실제 강인공지능이라고 불릴만한 컴퓨터는 아직 개발되지 않았습니다. 인간의 의식, 생각, 감정을 컴퓨터가 유사하게 모방했다 하더라도 컴퓨터가 인간처럼 의식을 가졌다고 판단할 기준도 모호합니다. 또한, 앞서 말씀드린 대로 인간의 지성에 대한 개념합의가 모호한 상황이기 때문에 강인공지능이 가진 자의식이나 인간적인 지능을 정확히 정의하기란 쉽지 않습니다. 실무적으로도 인간과 유사한 지적능력을 갖춘 강인공지능을 개발하는 데도 어려움이 많습니다.

결국, 강인공지능의 개발은 인간의 뇌 신경세포의 구현원리를 컴퓨터에 구현할 수 있는가에 있습니다. 언제 그것이 가능할까요? 많은 전문가가 강인공지능은 반드시 출현한다고 전망하지만, 아직 언제 어느 수준으로 등장할지는 아직은 '모른다'가 정확한 답일 것입니다. 다시 말해 강인공지능은 모든 상황에 대해 스스로 분석, 학습, 판단, 행동하는 수준이 일반적으로 인간과 유사할 때 존재한다고 말할 수 있겠지요.

마지막으로 초인공지능(Super AI)은 인간의 지능을 수천 배 이상 초월한 모든 면에서 월등한 인공지능을 말합니다. 케임브리지대학교의 스티븐 호킹(Stephen Hawking) 교수는 "초인공지능의 출현은 인류의 종말로 이어질 것"이라고 예측했습니다. 미래학자인 레이 커즈와일(Ray Kurzweil)은 'The Singularity is Near(특이점이 온다)'란 책에서 인간의 뇌를 능가하는 슈퍼 인공지능이 2030년이면 등장할 것이며, 또 인공지능이 스스로 자신보다 더 우월한 인공지능을 계속해서 만들어가 무한한 지적능력을 갖춘 초월적인 인공지능으로 진화할 것이라고 말했습니다. 하지만 인간의 생각, 감정, 의식을 인공지능 프로그램으로 계산할 수 없다는 주장에 동조하는 전문가들은 초인공지능이 등장할 것이라는 주장은 어불성설이라고 봅니다. 한마디로 익숙지 않은 인공지능 기술에 대한 흥분과 공포 때문에 나타난 상상이라고 평가절하합니다.

어쨌든 현재 상황에서 인공지능이 우리에게 중요한 이유는 인간이 데이터 분석을 통해 발견하지 못한 심층적인 인사이트 도출이나 문제해결에 실질적인 도움을 주기 때문입니다. 또 단순 반복작업 수준을 넘어 빅 데이터의 연산작업을 통해 예측, 분류, 특성추출 등 난도 높은 분석결과를 제시해줄 수 있습니다. 우리는 인공지능 덕분에 전통적인 통계법으로는 볼 수 없었던 깊이 있는 차원의 세계를 탐색할 수 있게 되었습니다. 데이터 분석의 정밀화와 활용의 극대화가 가능하다는 말인데요. 모든 것이 디지털화하고 있는 시대적 변화를 고려하면, 우리 세상의 문제를 인공지능과 함께 풀어나갈 수 있을 것입니다. 인공지능을 잘 활용하면 적어도 현재의 우리 삶은 더욱 풍요로울 것이라는 기대는 우리가 인공지능을 공부하는 이유이기도 합니다.

1.3 인공지능의 유형분류

앞서 말씀드린 바와 같이 인공지능을 한마디로 정의하기에는 철학적이고 추상적인 논의가 필요합니다. 하지만 간단히 인공지능을 말해 보면 인간의 지능을 컴퓨터가 인위적으로 구현한다는 것입니다(Artificial Intelligence: Human Intelligence Exhibited by Machines). 컴퓨터가 스스로 운전을 하고, 외국어를 번역해주고, 얼굴표정을 분석하는 것 등 모두가 인공적인 지능의 산물이란 말입니다. 이처럼 인공지능의 쓰임새도 무궁무진하고 바라보는 관점도 다양합니다. 인간의 지능지수인 IQ(Intelligence Quotient)가 높은 사람도 있고 감성지수인 EQ(Emotional Quotient)가 높은 사람도 있듯이, 인위적인 지적능력을 갖춘 컴퓨터 알고리즘도 나름대로 능력을 잘 발휘할 수 있는 영역이나 분야가 따로 있습니다. 여기서 인공지능이 힘을 잘 발휘하는 분야와 유형을 좀 살펴보겠습니다.

아마도 여러분은 인공지능이란 단어와 함께 머신러닝(machine learning)과 딥러닝(deep learning)이란 말을 많이 들었을 것입니다. 머신러닝, 기계가 스스로 학습을 한다는 의미인데요. 딥러닝과 머신러닝이 같은 말인지 아닌지 혼란스럽기도 합니다. 지도학습(supervised learning), 비지도학습(unsupervised learning), 강화학습(reinforcement learning) 등 이런 말도 많이 들었을 텐데요. 머신러닝과 딥러닝의 차이, 강화학습, 지도 및 비지도학습 등을 정리하면 다음과 같습니다.

미리 말씀을 드리면, 〈그림 1-9〉와 같이 인공지능이란 큰 틀은

그림 1-9 인공지능과 머신러닝 및 딥러닝

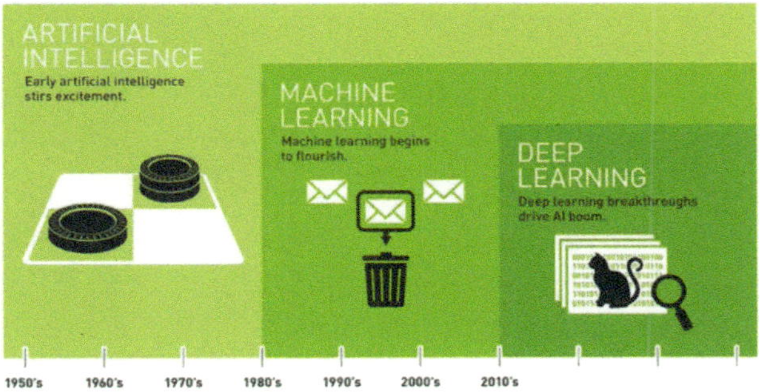

출처: blogs.nvidia.com

머신러닝과 딥러닝을 포함합니다. 인공지능을 의미 그대로 표현하면 컴퓨터가 스스로 학습하여 지적능력을 인공적으로 구현하는 것인데요. 머신러닝은 어떠한 현상을 분석하는 데 있어서 연구자(사람)가 먼저 분석과 관련한 기준 정보나 특성을 입력해주고 이를 토대로 컴퓨터가 스스로 학습하여 결과를 예측하는 방식입니다.

반면 딥러닝은 인간 뇌의 뉴런과 비슷한 인공 신경망(neural network)을 통해 인간의 도움이 없이 컴퓨터가 스스로 분석에 필요한 특성이나 기준을 추출하고 이를 토대로 이를 토대로 심층적인 학습과정을 진행하여 결과를 예측하는 기술을 의미합니다. 〈그림 1-9〉가 보여주듯이 딥러닝은 머신러닝의 한 분야이고 이를 통틀어 인공지능이라고 할 수 있지요. 비록 일부 연구자들은 심층 신경망(Deep Neural Network)이 곧 딥러닝이라고 정의하기도 합니다.

하지만 사실상 현재 인공지능을 가장 잘 대표하는 기술은 딥러닝입니다. 좀 구체적으로 머신러닝과 딥러닝의 차이를 〈그림 1-10〉과 같이 시각화해보면 이해가 쉽습니다. 예를 들어 자동차란 이미지 사진을 컴퓨터를 통해 분류한다고 하면, 머신러닝의 경

그림 1-10 머신러닝과 딥러닝의 차이

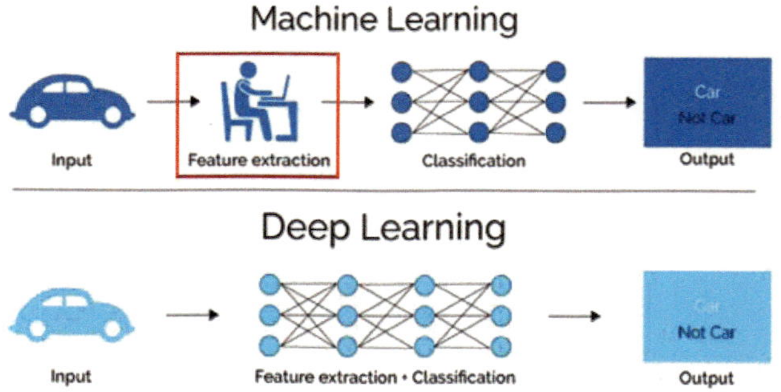

출처: ahmedbesbes.com/blog/introduction-to-cnns

우는 〈그림 1-10〉의 붉은색 상자표시처럼, 연구자(사람)가 사전에 자동차와 관련한 특성, 예를 들면 바퀴가 4개, 운전석, 창문 등 특성추출(feature extraction)과 관련한 작업을 미리 실행해 주어야 합니다. 이를 토대로 컴퓨터가 스스로 학습하여 이미지에 관한 분류(classification) 분석을 진행함으로써 입력한 이미지가 자동차인지 아닌지를 최종적으로 판단하는 절차를 따릅니다. 머신러닝은 인간이 사전에 알려준 특별한 기준을 토대로 컴퓨터가 학습하여 어떠한 문제를 해결한다는 것입니다. 인공지능이 구현하는 과정에 일정 정도 인간의 코딩작업 등 지침을 반영하는 절차가 필요하다는 말이지요. 반면 딥러닝은 분석 이전에 알고 있어야 할 특성이나 기준 관련 정보를 인간이 별도 입력해주지 않아도 됩니다. 인공 신경망이 스스로 특성추출과 관련한 작업을 진행하기 때문입니다. 따라서 머신러닝과 딥러닝의 차이를 따지자면 특성추출과 같은 사전작업을 인간이 관여해야 하는지 아닌지로 이야기하고 있습니다. 하지만 머신러닝과 딥러닝의 경계가 모호하기 때문에 더욱 심층적(deep)으로 대상을 분석하는 기술전체를 딥러닝이라

그림 1-11 머신러닝의 분류: 지도·비지도학습과 강화학습

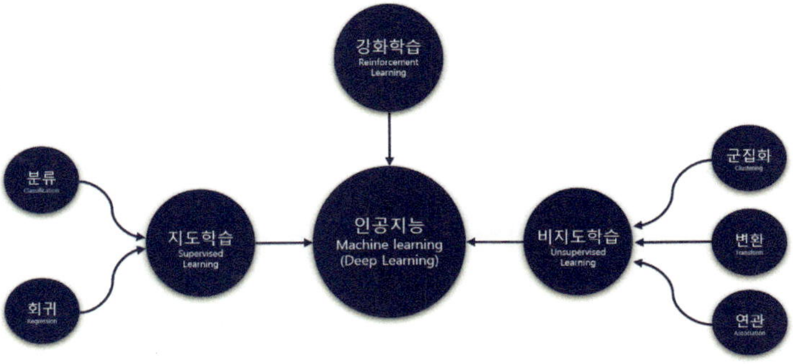

출처: Opentutorials.org

고 하기도 합니다.

인공지능이 학습을 통해 지적인 능력을 발휘할 수 있는 영역을 나눠보면 〈그림 1-11〉과 같습니다. 크게 세 가지 영역인 지도학습(supervised learning), 비지도학습(unsupervised learning), 그리고 강화학습(reinforcement learning)으로 구분할 수 있는데요. 여기서 공통으로 등장하는 단어는 학습(learning)입니다. 컴퓨터가 스스로 학습한다는 의미인데, '어떻게 컴퓨터가 자발적으로 생각하며 공부한단 말이지?' 라고 질문할 수 있을 것 같습니다. 여기서 학습이란 컴퓨터가 '생각한다', '공부한다'란 말보다 '훈련된다'로 바꿔보면 이해가 빠릅니다. 컴퓨터가 어떠한 문제나 과제를 풀어나가는 데 필요한 훈련을 많이 해서 문제를 잘 풀 수 있게 된다는 말로요. 그렇게 컴퓨터가 훈련을 잘하면 특정 알고리즘에 따라 스스로 운전도 하고 사진도 잘 분류할 수 있습니다.

이제 본론으로 들어가 볼까요. 먼저 지도학습의 '지도'란 인간이 컴퓨터를 가르친다(supervise)는 의미입니다. 가르침을 받은(supervised) 학습(훈련)을 통해 문제를 해결하는 절차를 지도학습이라고 합니다. 마치 정답과 오답이 있는 시험문제를 많이 풀다보면, 문제풀이 능력이 높아지는 이치와 같습니다. 많은 학습지 선생님들이 학생들을 가르치듯이 문제집을 통해 연습(훈련)을 많이 하다보면 훨씬 높은 수준의 문제풀이 능력을 갖추게되지요.

그래서 지도학습은 원인과 결과가 분명히 남아있는 기록이 필요합니다. A로 인해서 B가 나타났다는 과거의 일을 알면, 혹은 과거의 A는 B와 같은 종류였다는 사실을 알고 있으면, 앞으로도 그렇게 예측하거나 종류를 구분할 가능성이 커지겠지요. 마찬가지로 지도학습은 과거의 데이터를 학습(훈련)하여 결과를 예측(regression)하거나 어떠한 대상을 분류(classification)하는 데에 주로 사용됩니다.

예를 들어, 한 중년남성의 고혈압질환 발생 가능성을 예측한다고 해 봅시다. 그러면 과거 성인남성의 고혈압질환 발생 관련 데이터를 살펴보면 현재 남성의 상태와 질환 가능성을 예측할 수 있을 것입니다. 즉 과거 수백만 명의 고혈압질환 발생자의 식습관, 흡연, 음주, 수면습관, 정기적 운동 등의 수준과 실제 고혈압 발생정도를 따져보는 것이지요. 컴퓨터가 과거의 데이터에 대한 학습을 통해서 미지의 정보를 찾아내도록 하는 인공지능의 학습법을 지도학습이라고 합니다.

지도학습이 가능해지려면 먼저 충분히 많은 과거의 데이터가 있어야 합니다. 여기서 데이터란 원인과 결과, 정답이 있는 데이터를 말합니다. 인공지능이 학습(훈련)하기 위해서는 충분히 많은 자료가 필요하기 때문이지요. 마치 수학문제를 잘푸는 학생은 정말 많은 문제를 푼 학생인 것처럼, 컴퓨터도 정답과 오답이 명확한 문제를 정말 많이 풀면 풀수록 더 똑똑해집니다. 그래서 학습한다는 것은 앞서 말한대로 훈련을 한다는 말과 동의어입니다.

컴퓨터가 정답이 있는 문제풀이 과정을 반복하여 어떠한 현상을 예측/분류하는 학습이나 훈련의 결과로 얻을 수 있는 것이 바로 인공지능 모형(model)입니다. 흔히 말하는 타당도와 신뢰도가 '좋은 모형'이란 더 많은 현상이나 대상에 적용 가능성이 크고 예측/분류 정확도가 높은 것을 말합니다. 그래서 정답이 분명한 많은 데이터를 컴퓨터가 학습(훈련)하면 좋은 모형을 얻을 수 있습니다.

다음으로 비지도학습을 살펴볼까요? 비지도학습이란 가르침을 받지 않은(unsupervised) 학습(훈련)을 말합니다. 정답과 오답이 없는 문제를 받은 상황에서 컴퓨터가 스스로 해답을 찾도록 하는 것입니다. 인간이 문제해결 과정에서 찾았던 통찰력을 컴퓨터가 스스로 데이터를 분석해서 도출하고 이를 토대로 문제를 해결해 나가도록 하는 것입니다. 무엇인가를 '통찰(洞察)'한다는 사전적 의미는 '예리한 관찰력으로 사물을 꿰뚫어 봄'입니다. 인간이 정답이나 오답이라고 명확히 알려주지 않았는데도 컴퓨터가 새로운 현상이나 데이터를 관찰하고 재조직화 함으로써 무엇인가 새로운 의미나 관계를 밝혀내는 것이라고 할 수 있습니다.

인간의 지도를 받지 않은 비지도 상태에서 훈련하거나 학습하기 때문에 어떠한 현상을 예측하거나 대상을 명확히 분류하기보다는 러프(rough)하게 대상을 군집화(clustering)하거나 연관성(association)을 찾아내는 데 주로 사용됩니다. 즉 인공지능을 활용한 분석과정에서 데이터의 특성을 파악하거나 데이터를 정리정돈하는 데 유용한 기법이 비지도학습입니다. 비지도학습도 지도학습과 유사하게 훈련을 통해서 분석능력을 높인다는 점에서 유사합니다. 차이점이 있다면 지도학습에서 있었던 정답(명확한 원인과 결과)이 있는

그림 1-12 스키너 상자(Skinner box, Operant conditioning chamber)

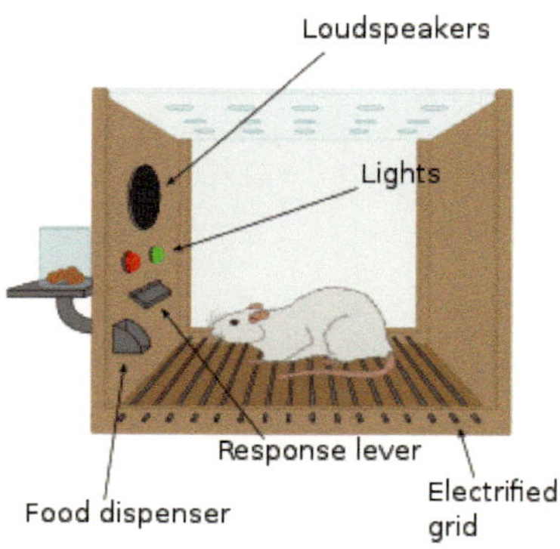

출처: ko.wikipedia.org

문제풀이 과정이 없이 스스로 현상에 관한 인사이트를 도출하고 이를 토대로 전체를 유형화하거나 인과성을 찾아야 한다는 것이지요.

다음으로 강화학습은 컴퓨터가 훈련이나 학습을 통해서 능력을 향상한다는 점에서 지도학습이랑 비슷합니다. 차이점은 지도학습에서 제공한 정답이 있는 문제풀이 과정을 통한 배움보다는 스스로 경험하면서 깨우침을 얻는 방법이 강화학습입니다. 이는 〈그림 1-12〉와 같이 심리학자인 스키너(B.F. Skinner)가 개발한 쥐 실험과 개념적으로 동일합니다. 쥐가 반응손잡이(response lever)를 눌러서 먹이를 먹게 하려고 처벌과 보상(상과 벌)을 주어 특정한 행동을 유도하는 실험입니다. 쥐가 손잡이를 당겼을 때 먹이를 보상으로 받고 어떠한 곳을 만졌을 때 처벌로 전기자극을 받는 경우를 반복적으로 경험하다 보면 자연스럽게 레버를 누르고 먹이를 먹는 법을 터득하게 됩니다. 스키너는 강화학습을 '행동에 대한 보상과 처벌을 통해 학습시키는 하나의 방법, 즉 한 개인이 어떠한 행동과 결과 간의 연관성을 학습하는 조작적 조건화'라고 설명했습니다(a method of learning that occurs through rewards and punishments for behavior. Through operant conditioning, an individual makes an association between a particular behavior and a consequence).

여기서 먹이라는 '보상(Reward)', 즉 어떠한 행동을 증강하는 '강화물(Reinforcer)'을 통해 특정 행동의 발생확률이 증가하는 것을 '강화(Reinforcement)'라고 합니다. 다시 말해 인간을 포함한 생명체가 이전에 배운적이 없던 어떤 우연한 행동에 따른 보상취득이라는 시행착오의 반복뒤에 어떠한 인과적 관계(행동-보상)를 학습하게 되는 과정이 '강화'입니다.

마찬가지로 인공지능의 강화학습 개념도 보상과 처벌이란 반복적인 경험을 통해 답을 찾아가는 원리를 이용합니다. 이러한 컴퓨터 반복적인 경험을 학습 또는 훈련한다고 합니다. 컴퓨터가 더 좋은 보상을 받기 위해 훈련하는 절차를 강화학습이라고 하는데요. 한마디로 컴퓨터가 스스로 보상을 최대화하고 처벌은 최소화하는 방향으로 훈련함으로써 고성능의 성과를 달성하도록 고안한 방법이 강화학습이라고 할 수 있습니다. 강화학습은 직접 경험할 수 없는 시뮬레이션, 게임, 자율주행, 로보틱스 분야에 널리 적용되고 있습니다.

강화학습을 이야기할 때 자주 등장하는 사례는 앞서 이야기한 '알파고와 이세돌의 대국'입니다. 구글의 딥마인드(DeepMind)사는 2016년 당시 세계 최고의 바둑기사인 이세돌과 대국을 청했습니다. 이세돌과 인공지능 알파고 대국의 최종 승자에게 100만 달러의 상금이 주워주기로 했습니다. 결과는 알파고가 4-1로 압승을 거두었습니다. 알파고의 우승 상금은 유니세프와 바둑 관련 자선단체 등에 기부하기로 했는데요. 구글은 이세돌과의 대국을 통해 천문학적인 홍보효과를 얻었습니다. 실제 이세돌과의 대국 이후 구글의 주가는 급등했습니다. 일각에서는 알파고와 이세돌 대국의 홍보효과가 전 세계적으로 1,000억 원 이상에 달한다고 분석하기도 합니다.

어쨌든 알파고는 왜 하필 '바둑'이란 게임을 선택했고 또 그 상대를 '이세돌'이었을까요? 답은 강화학습의 발전과정에 있습니다. 2013년에 딥마인드(DeepMind)는 '스스로 배우는 컴퓨터'에 대한 논문을 통해 인공지능이 스스로 판단하여 경기할 수 있는 강화학습 알고리즘을 발표하였습니다. 또 바둑이라는 경기를 선택한 이유는 바둑게임은 경우의 수가 매우 많다는 점에서 인공지능의 활용도를 검증할 수 있는 대표적인 게임이었던 것입니다.

단순한 흑과 백의 돌을 19×19의 반상에서 놀 수 있는 경우의 수는 10의 170승 정도라고 합니다. 바둑대국에서 조합할 경우의 수가 얼마나 방대한지 알겠지요. 제한된 시간내에 이 방대한 수를 모두 읽어야 하는데 바둑프로 기사들은 자신의 경험과 직관에 의존한다고 합니다. 인공지능이 얼마만큼 처벌과 보상이라는 강화학습을 통해 스스로 학습한 수준이 어느 정도인지를 검증할 수 있는 게임이 바로 바둑이었던 것입니다. 알파고의 상대를 이세돌로 선택한 이유는 당시까지 약 10여 년간 바둑계에 신화적인 인물이었고, 또 알파고팀 입장에서 이세돌의 과거 경기기록을 많이 확보할 수 있었기 때문입니다. 이러한 축적된 이세돌의 경기 데이터를 가지고 이세돌을 이기는 방향으로 보상을 주면서 알파고를 훈련시켰던 것입니다. 좀 더 강화학습의 원리에 관해 이야기하고 넘어가겠습니다.

앞서 말씀드린 대로 '강화(Reinforcement)'는 행동심리학에서 사용하는 용어입니다. 동물이 시행착오를 통해 학습함으로써 특정한 행동을 촉진할 수 있다는 말입니다. 스키너(Skinner)의 쥐 실험과 같이 특정한 행동을 유발하기 위해서 처벌과 보상을 반복하면 특정 행동이 더욱 촉진되는 '강화' 현상이 나타난다고 했지요. 인공지능이 강화학습을 하는 방식도 유사합니다. 강화학습은 무작위로 컴퓨터에 특정한 행동에 따른 적절한 보상반응을 반복함으로써 컴퓨터 스스로 보상을 최대화하고 오류는 최소화하는 방향으로 결과물을 만들어내도록 하는 학습 또는 훈련과정을 말합니다. 그러니 강화학습은 경험이 중요합니다. 일단 무작정 시작하고 그중에서 보상을 주는 방향으로 움직이면서 해답을 찾는 과정이기 때문에 단순하고 빠르게 연산할 수 있는 컴퓨터의 알고리즘이 필요한 분석법입니다.

그림 1-13 컴퓨터 게임과 인공지능의 강화학습 개념 비교

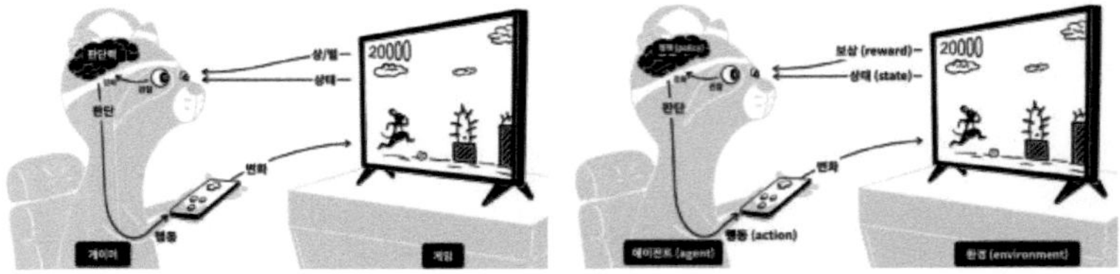

게이머	→	에이전트(agent)
게임	→	환경(environment)
게임상황	→	상태(state)
게이머의 조작	→	행동(action)
점수획득	→	보상(reward)
게이머의 판단력	→	정책(policy)

출처: opentutorials.org/course/4548/28949

강화학습에 관한 기본적인 이해를 위해서는 용어정도는 알고 넘어갈 필요가 있습니다. 〈그림 1-13〉처럼 컴퓨터 게임을 하는 참여자의 관점에서 강화학습을 알아보겠습니다. 게임을 할 때 컴퓨터 화면의 역동적인 게임의 상황이나 상태를 살펴보고 그에 따라 자신의 게임방향을 결정하지요. 그 결과로 높은 점수를 받거나 게임에서 승패를 판정받게 됩니다. 마찬가지로 인공지능의 '강화학습'은 게이머인 에이전트(agent)가 어떠한 게임인 환경(environment)에 들어가서 구체적인 게임상황인 상태(state)에 맞춰 게이머가 플레이하는 행동(action)을 의미합니다. 이렇게 컴퓨터가 플레이를 진행함으로써 게임의 점수를 얻거나 잃는 보상(reward) 또는 처벌을 받게 되는 반복과정을 통해 마치 게이머가 게임에 능숙해지고 게임운영의 판단력이 높아지는 것처럼 인공지능도 강화학습의 결과인 정책(policy)을 습득하는 것입니다.

결국, 인공지능이 스스로 학습한다는 '강화학습'은 마치 게이머의 경기능력을 더욱 능숙하게 만드는 것처럼 컴퓨터가 더 많은 보상을 받을 수 있는 방향으로 정책을 만들어내는 것입니다. 구글의

그림 1-14 **현대자동차그룹이 인수한 미국 보스턴 다이내믹스의 4족 보행 로봇**

출처: mk.co.kr

딥마인드 팀은 알파고가 무작정 바둑판에 돌을 놔보고, 놓은 돌의 위치에 따라 승률이 높아지면 보상을 받게 되고, 이러한 방식으로 이세돌과의 대국에서 인공지능이 더욱 힘을 발휘하는 방향으로 훈련한 것이지요. 이세돌과의 대국 이후 인공지능의 강화학습 알고리즘은 다양한 분야로 그 응용범위를 넓히면서 발전하고 있습니다.

실제 예를 들어보면, 〈그림 1-14〉는 여러분이 잘 알고 계시는 현대자동차그룹이 인수한 보스턴 다이내믹스 스폿(왼쪽)과 2족 보행 로봇 아틀라스(오른쪽)입니다. 2족 보행 아틀라스는 장애물을 두 발로 점프하여 건너뛰며, 또 물구나무를 서거나 한 바퀴 돌아서 장애물을 내려올 수 있습니다. 이렇게 로봇이 사람처럼 두 팔로 균형을 잡는 방법은 수없이 넘어지고 일어나는 반복적인 강화학습의 결과입니다. 보스턴 다이내믹스 연구원들은 아틀라스에게 점프와 달리기 학습을 시킬 때 넘어지지 말라는 규칙을 지키도록 하고 이를 달성하면 보상을 제공했습니다. 중간에 넘어지면 당연히 보상은 없었지요. 이 과정을 매우 많이 반복하면 더 많은 보상을 받을 수 있도록 인간처럼 2족 보행의 기법을 찾아내도록 한 아이디어입니다. 강화학습을 통해 경험한 반복적인 시행착오는 아틀라스가 인간처럼 걷고 뛰고, 장애물을 피해 움직일 수 있는 지적인 로봇으로 발전한 것입니다. 이렇듯 강화학습은 자율주행, 시뮬레이션 등 다양한 분야에서 응용되고 있습니다.

CHAPTER 2

인공지능의 기본원리

2.1 인공 신경망(ANN)
2.2 합성곱 신경망(CNN)
2.3 순환 신경망(RNN)
2.4 생성적 대립 신경망(GAN)

2.1 인공 신경망(ANN)

우리가 인공지능을 공부하는 이유는 무엇일까요? 아마도 우리 사회가 안고 있는 수많은 문제를 해결하는 데 도움을 주기 위해서일 것입니다. 문제를 해결하는 데는 다양한 방법이 존재합니다. 어떠한 문제현상을 분석하고 해답을 찾기 위해서 전통적으로는 통계분석이나 컴퓨터 프로그래밍 방식을 이용해 왔습니다. 연구자 혹은 프로그래머가 필요한 데이터를 수집하고 분석절차를 정교하게 체계화한 모형을 토대로 문제해결에 필요한 인사이트를 탐색해 왔던 것이지요.

반면에 인공지능의 문제해결 방식에는 전통적인 통계분석 과정이나 프로그래밍 방법과는 차이가 있습니다. 인간이 사전에 어떠한 문제와 관련하여 적정한 데이터와 예측 가능한 논리모형을 가지고 있다면 수작업으로 프로그래밍해서 문제의 정답을 찾을 수 있겠지요. 하지만 매우 방대하고 복잡한 데이터를 빠르고 심층적으로 분석하기에는 한계가 있습니다. 실제로 2012년에 개최한 ILSVRC(ImageNet Large Scale Visual Recognition Challenge) 대회에서 AlexNet은 error rate 16.4%라는 압도적인 성능차이로 우승을 했습니다. 당시에 AlexNet은 6,000만 개의 free-parameter와 6억 3,000만 개의 연결망을 가지고 있습니다. 전통적인 통계에서 고려해야 하는 변수만 6,000만 개라고 생각하면 미리부터 질립니다. 하지만 인공지능은 이러한 분석에 강한 면모를 보입니다. 머신러닝 분야의 개척자인 사뮤엘(Arthur Lee Samuel)이 인공지능을 '컴퓨터가 명시적으로 프로그래밍 되지 않고도 학습할 수 있도록

그림 2-1 4차원의 비선형 데이터의 시각화(예)

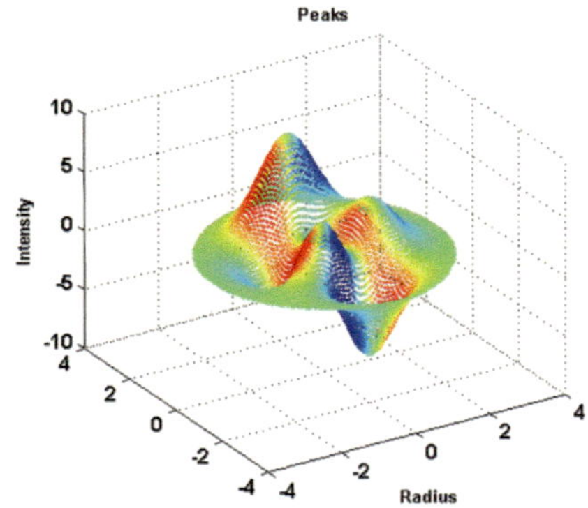

출처: math.stackexchange.com

하는 연구분야'라고 정의한 것처럼 인공지능은 전통적인 통계나 프로그램의 한계를 넘어선 연산능력을 발휘합니다.

실제로 〈그림 2-1〉과 같이 4차원을 넘어가는 함수를 시각화하기란 무척이나 어렵습니다. 한마디로 전통적인 통계분석법은 어떠한 현상을 예측하는 데 있어서 복잡하고 다차원적인 변수를 모두 고려하기에 어려움이 있습니다. 특히 비선형적인 관계의 데이터와 너무도 많은 변수를 고려해야 할 때는 더욱 그렇습니다. 즉 데이터가 가진 다차원성(multidimensionality)과 비선형성(non-linearity) 차원에서 한계를 나타내는데요. 일반적인 단순 선형회귀 모형($y = ax + b$)에서 추정해야 할 a, b값 이외에 'c, d, e…' 등 무수히 많은 변수가 늘어나면 인간이 추론할 수 없는 세계로 넘어가 버립니다. 또한, 이 세상의 많은 현상은 다양한 변수와 변수들이 1:1일의 선형적 관계가 아니라 비선형적 특성을 갖는 경우가 많은데 이를 모두 고려하여 인간이 수작업으로 프로그래밍하기란 쉽지 않은 일이지요. 이 세상에 존재하는 현상의 관계는 x^2, x^3, x^4,

…, $\log x + b$, e^{xy} 등처럼 비선형적인 특성을 갖는 경우가 많기 때문이다.

이렇듯 전통적인 통계기법이나 컴퓨터 프로그래밍으로 풀기 어려웠던 다차원적이고 비선형적인 회귀, 분류 등의 문제를 인공 신경망(ANN: Artificial Neural Networks)이 해결했습니다. 이번 장에서는 ANN부터, CNN, RNN, GAN까지 인공지능을 이해하는 데 핵심적으로 필요한 주요 분석개념과 원리를 소개하도록 하겠습니다. 참고로 제2장의 인공 신경망부터 RNN까지의 내용은 김정환 · 박노일(2022) 저술에서 박노일 교수가 직접 그림을 그리고 분석한 내용을 요약정리하고 있습니다. 한편 지금까지 따라오면서 혹시라도 인공지능의 원리부분에 너무 많은 수학공식이나 개념이 나올까 염려하시는 분들이 있을 것 같습니다. 일단 개념과 원리를 소개하는 수준을 유지하겠습니다. 여러분이 흥미와 관심만 있다면 모르는 부분은 유튜브나 다양한 강의자료를 통해 더 깊이 살펴볼 수 있으니까요. 그러니 지레짐작으로 포기하지 말고 일단 쭉 따라가길 권합니다.

(1) 인공 신경망(ANN) 기본구조

전통적인 선형회귀 분석의 목적이 '예측'에 있듯이, 인공 신경망(ANN: Artificial Neural Networks)도 선형회귀 분석의 틀에서 이해할 수 있습니다. 앞서 언급한 대로 우리가 지금까지 알았던 선형회귀 분석은 무수히 많은 변수를 모두 고려하면서 높은 수준의 비선형적 데이터를 다루는 데 어려움이 있다고 했지요. 하지만 인공 신경망 분석은 이러한 전통적인 회귀분석의 어려움을 해결해 줍니다. 그것이 어떻게 가능한지 살펴보겠습니다. 수학공식이 아니라

그림 2-2 회귀분석의 실제값과 예측값 차이$(y-\hat{y})^2$ 추정

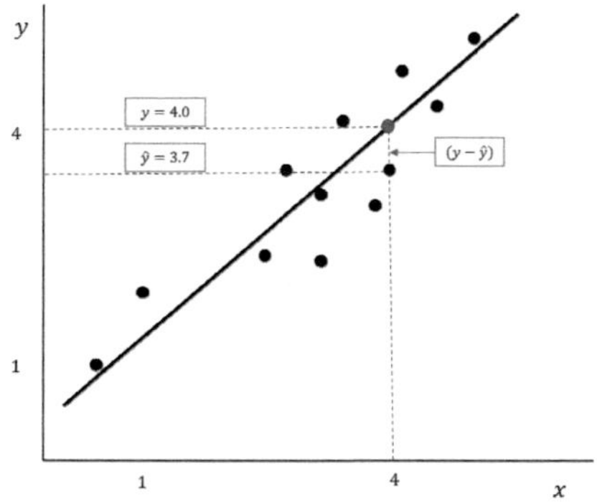

$$\text{argmin}\Sigma(y-\hat{y})^2 = \text{argmin}\Sigma(y-(ax+b))^2$$

원리를 알아보겠다는 것입니다.

일단 단순 선형회귀 분석모형을 생각해보면 〈그림 2-2〉와 같이 도식화할 수 있습니다. 선형회귀 모형($\hat{y}=ax+b$)이 예측하는 값($\hat{y}$)과 실제값(y)의 차이가 최소인 회귀계수(a)와 절편(b)을 추정하는 데 목적이 있습니다. 〈그림 2-2〉의 x값이 4일 때 실제값 y는 '4'이지만 회귀모형의 예측값($\hat{y}$)은 '3.7'로 실제값 y와 예측 $\hat{y}$값 간의 차이는 0.3입니다. 이렇게 모든 x값에 대응한 실제값인 y와 회귀모형이 예측한 $\hat{y}$값의 차이가 최소가 되는 a값을 찾는 것이 선형회귀 분석의 핵심입니다. 예측값과 실제값($\hat{y}-y$)이 최소가 되는 기울기 즉, 가중치(a)를 가진 예측값 $\hat{y}$를 중심으로 실제값 'y'와의 오차는 정규분포를 나타냅니다. 오차의 정규 분포성 가정에서 보면 실제값과 예측값의 차이($y-\hat{y}$)는 평균값인 '0'이므로 개별 차이를 제곱합하여 최소값을 추정하는 절차를 따릅니다. 이를 구체적인 계산식으로 나타내면 최소값의 위치를 알려주는 프로그램 명령어(numpy)인 'argmin'을 활용하여 실제값과 예측값의 차이제곱

그림 2-3 입력-은닉-출력층 구조의 인공 신경망

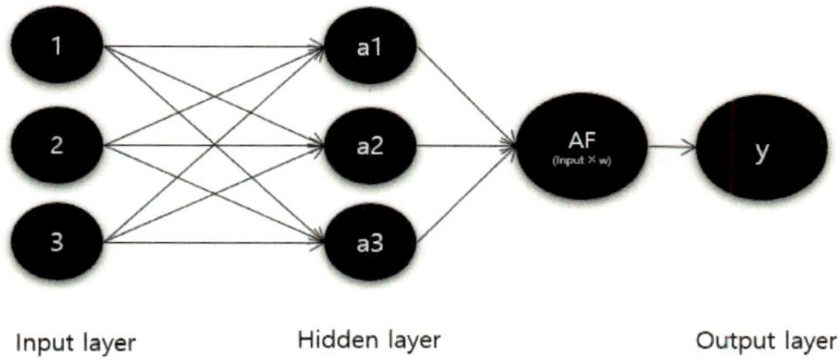

$(y-\hat{y})^2$값을 모두 합했을 때 최소가 되는 a를 찾을 수 있습니다(b값은 상수).

선형회귀 분석이 실제값과 예측값의 차이$(y-\hat{y})^2$가 최소가 되는 변수값인 가중치(a)를 식별하는 데 목적이 있듯이 인공 신경망 분석도 데이터 입력부터 출력단계에 이르는 변수들을 신경망처럼 인위적으로 연결함으로써 실제값과 예측값의 차이, 즉 오류를 최소화하는 변수값인 가중치(w)를 찾는 것이 핵심입니다(선형회귀모형($\hat{y}=ax+b$)에서 회귀계수 혹은 가중치를 'a'라고 했지만, 인공 신경망에서는 'w'라고 명명하기로 하겠습니다). 그러면 전통적인 회귀분석과 인공 신경망이 뭔가 좀 다른 구조를 가지는지 궁금할 것 같네요. 네 실제 조금 다릅니다. 힌트는 앞서 우리가 배웠던 인간의 뇌세포구조와 기능에 있는데요. 우선 인공 신경망이 작동하는 구조를 시각화한 〈그림 2-3〉을 보면서 살펴보겠습니다.

위의 〈그림 2-3〉처럼 인공 신경망의 기본적인 구조는 필요한 변수를 입·출력해 주는 입력층(input layer)과 출력층(output layer) 사이에 은닉층(hidden layer), 그리고 활성화 함수(activation function)를 통해 최종적인 예측값을 출력하는 형태입니다. 입력층과 은닉층 변수들 사이에 선형적인 연결망을 설정하고, 은닉층에서는 개

그림 2-4 은닉층의 a1을 중심으로 본 인공 신경망 구조

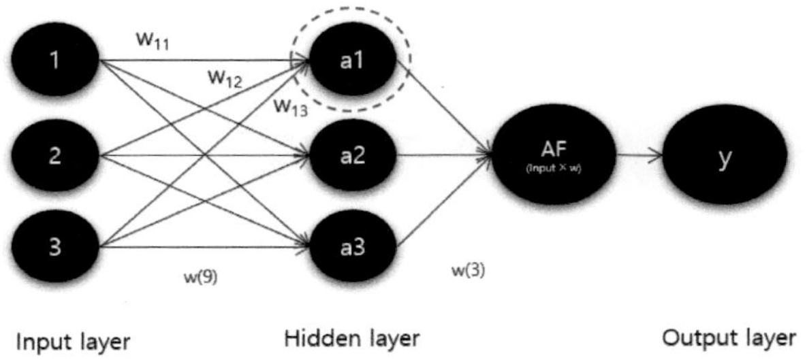

별 연결망의 가중치들을 합한 후 편미분(partial differentiation)함으로써 은닉층의 개별계수(가중치)를 추정합니다.

구체적으로 〈그림 2-4〉의 a1에서 보면 w_{11}, w_{12}, w_{13} 등 3개의 가중치의 합인 w값을 가집니다. 'a1' 지점에서 보면 입력값과 가중치(w)들의 합[(Input① × w_{11}) + (Input② × w_{12}) + (Input③ + w_{13})]과 절편값을 갖는 선형회귀모형임을 알 수 있습니다. 다시 말해 은닉층 a1 지점에서 보면 입력된 w(가중치)를 입력변수들[①, ②, ③]에 개별적으로 곱한 값의 합인 $y=wx+b$ 형태의 선형회귀모형이란 말입니다. 마찬가지로 a2, a3도 각각 3개의 w값을 가집니다. 따라서 입력층에서 은닉층까지 9개, 은닉층에서 출력층까지 3개의 경로 등 총 12개의 가중치(w) 즉 실제값과 예측값의 차이$(y-\hat{y})^2$가 최소가 되는 회귀계수를 추정하여 y값을 산출합니다. 인공 신경망 모형이 학습한다는 것은 결국 결과값을 추정하는 실제값과 예측값의 차이가 최소가 되는 개별적인 w값을 편미분하여 12개의 가중치들 w(w_{11}, w_{12}, w_{13}⋯)을 찾아내는 것과 다름이 없습니다.

이렇게 인공 신경망은 다차원적인 입력변인들을 연결함으로써 실제값과 예측값이 최소가 되는 지점을 추정합니다. 다차원의 인공 신경망은 자연스럽게 단순직선의 선형적인 관계가 아니라 복잡한 비선형적인 구조를 가집니다. 따라서 〈그림 2-4〉처럼 입력층과 출력층 사이에 있는 1차원의 선형회귀모형이 도출(실제값과 예측값의 차이제곱의 합)한 값(Input × w_1)을 비선형형식으로 전환하는 함수가 필요합니다. 이렇게 선형관계의 가중치(w) 값을 비선형의 값으로 전환하는 함수를 활성화 함수(AF: Activation Function)라고 합니다. 활성화 함수 tanh(hyperbolic tangent)를 앞선 예제의 계산식[Input① × w_{11}]에 적용하면 인공 신경망은 tanh[Input① × w_{11}] 형식을 취해 최종적으로 '$-1 < \tanh(\text{input} \times w) < 1$' 내에서 값을 얻게 됩니다. 한마디로 활성화 함수는 입력과 연결층의 단순한 선형적인 가중치[Input(n)의 w_n] 값들을 하나의 표준화된 값으로 바꿔줌으로써 비선형적인 분석을 가능하게 해줍니다.

그림 2-5 인간 뇌세포의 기능과 인공 신경망 분석

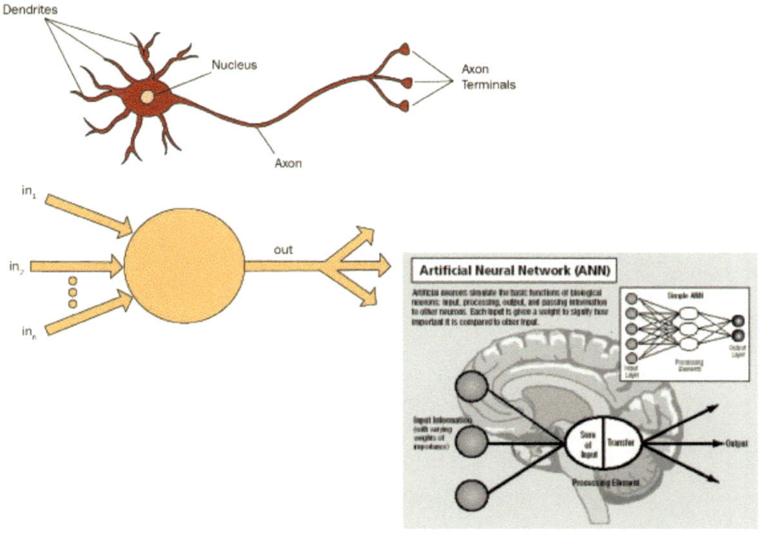

출처: @jorgesleonel/artificial-neural-networks-deep-learning과 towardsdatascience.com

이렇게 실제값과 예측값 사이의 오차를 최소화하는 연결망 모형의 가중치를 찾는 것을 인공 신경망이 학습하는 과정입니다. 인공 신경망 구조에는 특이하게도 전통적인 선형회귀모형에서 필요한 입력 데이터들 뿐만 아니라 인간이 잘 모르는 미지의 어떠한 단계, 즉 은닉층을 반영합니다. 흥미롭게도 인공 신경망 구조는 〈그림 2-5〉가 묘사하고 있는 인간 뇌의 신경세포가 작동하는 원리와 유사합니다. 마치 우리에게 아직 black box로 남겨진 인간의 뇌 작용을 들여다보는 느낌입니다. 뇌의 신경세포가 다른 신경세포와 또 다른 층위에서 상호작용하는 과정처럼 '감춰진(hidden)' 영역을 반영하여 분석한 것이지요. 여기서 꼭 알아야 하는 개념이 두 가지가 있습니다. 오류 역전파와 활성화 함수입니다. 개별 선형 연결망의 가중치를 순차적으로 구하고(순전파: forward propagation) 결과값의 오류를 다시 이전 단계로 전파(역전파: back propagation)하여 가중치의 누적된 오류의 합을 최소화하는 비용함수(cost function) 값을 구하는 절차를 오류 역전파라고 합니다. 그리고 입력과 은닉층으로부터 들어온 선형적인 데이터를 비선형적인 형태로 분석하는 함수를 활성화 함수(activation function)라고 합니다.

(2) 활성화 함수(Activation Function)

인간의 뇌는 슈퍼컴퓨터가 따라올 수 없을 정도로 정교하다고 하는데요. 현생인류는 약 860억 개의 신경세포, 즉 뉴런(neuron)을 통해 이 세상을 이해합니다. 입력정보를 읽은 신경세포와 또 알 수 없는 혹은 감춰진 무수히 많은 신경세포의 상호작용을 통해 자극정보를 처리하고 분석하여 중요도를 판별합니다. 인공 신경망(ANN: Artificial Neural Network)의 기본구조를 보면 알 수 있듯이

ANN은 무수히 많은 입력 데이터를 감당할 수 있습니다. 이 세상에 무수의 많은 정보의 홍수 속에서 인간의 뇌가 어떤 정보는 무시하고 어떤 자극은 더 확대해서 심층적으로 분석하는 정보처리 과정을 ANN이 차용하고 있기 때문입니다. ANN에서 어떤 정보는 무시하고 어떤 정보에 대해서는 더 집중하는 스위치와 같은 역할을 활성화 함수가 합니다.

이렇게 ANN은 인간의 뇌 신경세포가 작동하는 원리를 본뜨고 있습니다. 마치 인간의 뇌에 있는 신경세포인 뉴런이 입력 신호별로 얼마나 의미가 있는지(힘의 방향과 세기인 가중치)를 분석하여 최종적인 판단(예측, 분류 등)을 하듯이, ANN도 입력과 은닉 연결망을 통해 들어온 가중치 값들을 활성화 함수가 종합적으로 검토하여 전체 ANN 모형이 입력받은 정보에 대해 어느 정도 집중해야 하는지를 판별해 줍니다.

인공 신경망 구조를 다른 말로 퍼셉트론(perceptron)이라고도 합니다. Perception이란 어떤 대상에 대한 인간의 지각(知覺)과 접미사 'tron'의 합성어이지요. tron은 어떤 단위 혹은 지점(point of land)을 의미하니 퍼셉트론이란 어떤 대상을 지각하는 신경망의

그림 2-6 인공 신경망의 입력과 출력 및 활성화 함수 구조

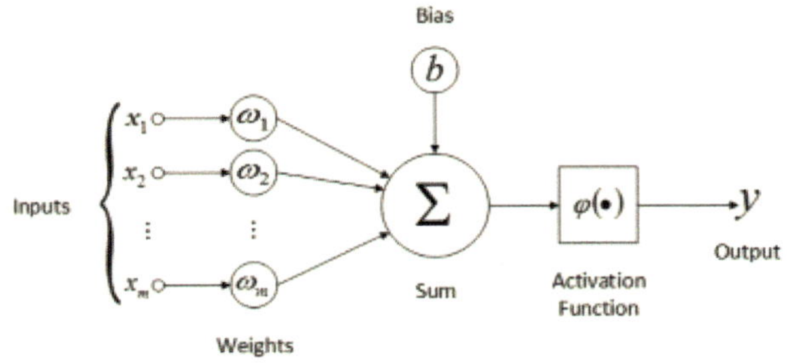

출처: morioh.com

단위로 볼 수 있겠네요. 인공 신경망 〈입력층 → 은닉층 → 출력층〉의 연결망 구조는 인간의 뇌가 입력자극을 분석하고 판단하는 과정과 유사하게 수학계산식으로 도식화할 수 있습니다. 〈그림 2-6〉이 제시하고 있는 구조를 좀 더 살펴보면, 왼쪽 입력층의 x_m 값들(x_1, x_2, ⋯ x_m)은 모두 개별적으로 양(+) 또는 음(−) 값의 가중치 w_m값들(w_1, w_2, ⋯ w_m)을 가집니다.

일반적인 선형회귀분석 계산식($y=ax+b$)의 기울기에 해당하는 (ax)값은 $w_m \cdot x_m$입니다. 당연히 $w_m \cdot x_m$은 절편(b: bias)을 가지므로, 입력된 모든 노드와 가중치를 합산(Σ)한 후에 활성화 함수(activation function: $\varphi(\cdot)$)는 −1에서 +1, 또는 0에서 +1에 해당하는 표준화한 값을 도출해 줍니다. 활성화 함수는 입력값인 x_m과 가중치 w_m값들을 모두 합산하여 정규화(normalization)한 값으로 전환해 주는 역할을 합니다. 자주 쓰는 활성화 함수 종류는 시그모이드(Sigmoid), tanh(hyperbolic tangent), ReLU(Rectified Linear Unit), Leaky ReLU 등이 있습니다. 〈그림 2-7〉은 활성화 함수의 종류별

그림 2-7 활성화 함수 종류별 차이 비교

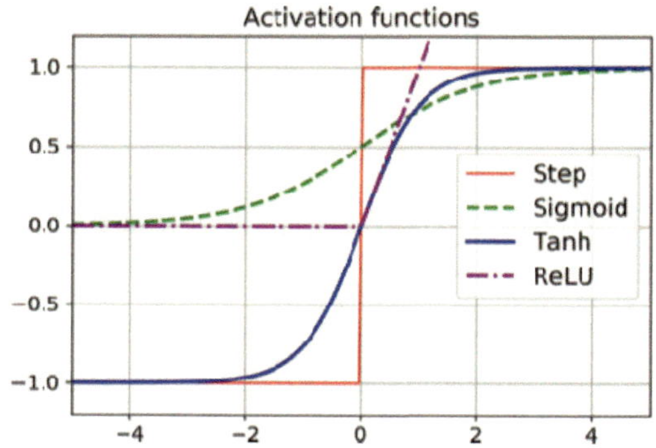

출처: towardsdatascience.com/activation-functions-neural-networks-1cbd9f8d91d6

로 차이를 표현해 준 그림입니다.

활성화 함수의 기본적인 유형은 특정 기준값보다 크면 1을 출력하고 그렇지 않으면 0(또는 -1)을 출력하는 단위계단 함수(unit step function 또는 Heaviside step function)를 이해하면 쉽습니다. 〈그림 2-7〉과 같이 단위계단 함수는 0보다 작은 실수에 대해서 -1, 0보다 큰 실수에 대해서 1, 0에 대해서 0의 값을 내뱉는 이 함수는 계단(_┌‾)처럼 극단적으로 입력된 H(x_m)함수가 $x_m > 0$이면 1을, $x_m < 0$이면 -1을 내어준다고 하여 계단함수라고 합니다. 단위계단 함수는 극단적인 계단(_┌‾)과 같지만, 〈그림 2-7〉과 같이 시그모이드(Sigmoid), 하이퍼블릭 탄젠트(Tanh), 렐루(ReLU: Rectified Linear Unit) 함수는 S자 형태의 값을 갖는 함수입니다. 활성화 함수 중에서 시그모이드 함수의 예를 들어보면, 공식에 반영한 자연상수 'e'는 대략 2.71828인데요. 인공 신경망에서 다층으로 입력된 선형정보를 출력단계에서 0에서 1 사이의 값으로 축약시키는 함수이지요. 인공 신경망이 학습하는 데 적합하도록 시그모이드 함수는 연속미분이 가능합니다.

$$\text{시그모이드 함수식: } s(x) = \frac{1}{1+e^{-x}}$$

단위계단 함수와 달리 시그모이드 함수를 보면 분자 '1'을 기준으로 0부터 1 사이의 값을 도출해 줍니다. 단위계단 함수와 활성화 함수인 시그모이드의 차이는 y축은 0~1의 값일 때, 단위계단 함수의 경우는 출력 y값은 0과 1밖에 없습니다. 즉 단위계단 함수는 활성화 여부만 결정해 줍니다. 반면 시그모이드 함수의 y값은 0~1 사이의 연속한 무수히 많은 값을 가집니다. 인공 신경망에서 시그모이드 함수는 입력과 은닉층을 통해 들어온 정보들의 총합이 어느 정도 활성화 수준을 나타내야 하는지(혹은 가능성)를 0과 1 사이에 무수히 많은 지점으로 표시해 줌으로써 단순한 활성화여부가 아니라 얼마만큼 활성화되어야 하는지(0.2 또는 0.8)를 알 수 있습니다. 더욱 정교한 분석을 할 수 있다는 말입니다.

시그모이드 함수는 수년간 인공 신경망의 활성화 함수로 널리 사용되었지만, 최근 들어서는 선호도가 많이 줄고 있습니다. 이 함수를 사용하는 경우 경사 하강법을 진행하는 과정에서 입력 데이터의 가중치를 소실하는 문제가 발생하기 때문에 다층적 신경망 학습을 어렵게 만들기 때문입니다. 이러한 문제를 보완하는 ReLU와 같은 활성화 함수를 사용하는 경우가 많습니다. ReLU 함수는 입력된 모든 양(+)의 값은 그냥 통과시키지만, 나머지 음(−)의 값은 0으로 만들어 버립니다. 다양한 인공 신경망의 활성화 함수가 등장하고 있지만 요즘 대부분의 딥러닝은 ReLU 유형의 함수를 사용합니다.

어쨌든 인공 신경망 모형에서 활성화 함수 이전까지 입력된 정보들은 입력 데이터의 가중치들의 합($\Sigma(w_m \cdot x_m)$)을 합산한 선형적인 형태입니다. 이러한 입력 데이터와 가중치의 조합은 서로 의존적인 단순한 선형관계인 것이지요. 활성화 함수는 입력값에 의해 무차별적으로 커지거나 작아지는 단순 선형적인 형태를 정규화한 0과 1, 또는 −1과 1 사이의 값으로 변환해 줍니다. 이렇게 하면 단순한 선형적인 회귀공식이 아니라 비선형적인 모형의 틀에서 입력정보를 해석할 수 있는 것이지요. 이 얼마나 아름답습니까? 필자는 처음 이러한 원리를 깨닫고 탄성을 질렀답니다.

인공 신경망에 들어오는 다양한 입력정보와 그 정보에 대한 가중치들의 합을 그냥 다음 단계의 값으로 전달하기보다는 일종의 쓸데없는 것을 걸러내는 '체'처럼 활성화 함수를 반영한 것이지요.

다시 말해 활성화 함수는 수많은 노드와 노드 사이의 연결망으로부터 오는 선형회귀의 합산 계산값을 '1과 0' 사이 또는 '-1과 1' 사이의 범위로 정규화하여 입력 데이터의 활성화(발화: fired)여부를 결정합니다. 활성화 함수는 바로 이러한 역할 때문에 꼭 필요한 존재입니다.

아시는 바와 같이 활성화 함수는 입력층과 은닉층에서 들어오는 연결망 계산식을 모두 정규화합니다. 각자 산발적으로 자기가 중요하다고 주장하는 듯한 정보들을 모두 동일한 조건에서 살펴보는 것이지요. 그렇게 해야 좀 더 객관적이고 정확하게 입력받은 정보의 중요성을 판별할 수 있겠지요. 이러한 정규화(normalization)는 예를 들면 '100~100,000'의 산발적인 입력값이 있으면 이를 활성화 함수 등의 수학적 연산을 통해 0과 1 사이값으로 변환하는 것을 뜻하는데요. 공식은 입력값에서 평균을 뺀값을 최대값과 최소값의 차이로 나눠주면 됩니다.

$$\text{정규화 공식: } x' = \frac{x-\mu}{\max(x)-\min(x)}$$

그렇다면 이러한 활성화 함수를 활용하여 인공 신경망이 예측하는 '$\hat{y}$'값을 구하는 공식을 어떻게 정리할 수 있을까요? 앞서 개념적으로 예를 든 인공 신경망의 구조인 입력 → 은닉 → 산출층(입력노드 3개, 은닉노드: 3개, 출력노드: 1개)을 단계적으로 살피면서 최종 예측값을 도출하는 과정을 설명해 보겠습니다. 여기서 벡터(vector)와 행렬(매트릭스: matrix)을 활용합니다. 행렬을 이용하게 되면 복잡한 수식을 간단하게 표현할 수 있고, 무엇보다 컴퓨터 연산측면에서 효율적입니다. 벡터는 쉽게 생각해서 한 줄짜리 행렬입니다. 즉, [m×1] 행렬을 열벡터라고 하고, [1×m] 행렬을 행

벡터라고 합니다. 행렬은 행과 열벡터의 조합을 말합니다. 일반적으로 벡터는 { }, 행렬은 [ ]형식으로 표기합니다.

먼저 입력층과 은닉층 단계에 이르는 연결망(Input layer → Hidden layer)에서 첫 번째 가중치(w)와 절편을 구하는 공식표기를 위해, {P} = input(입력값), [U] = first weight(가중치), {b} = first bias(절편)라고 하겠습니다. 〈그림 2-3〉의 인공 신경망 모형에 대입해보면, {P}는 1, 2, 3이라는 3개의 벡터를 가지고 있으며, 첫 번째 신경망의 가중치[U]는 입력(3) × 은닉(3) 변수의 조합, 즉 9개의 성분으로 구성된 매트릭스를 가집니다. 이렇게 첫 번째 신경망의 산출물(은닉층 변수)은 3개이며 이에 따른 3개의 절편(b1, b2, b3)을 가집니다. 입력 데이터와 은닉층의 개수와 상관없이 tanh를 활용한 입력층, 은닉층 그리고 최종 예측값을 계산하는 공식은 다음과 같습니다.

$$\hat{y} = \{y\} = \{s\} + [w]^T \tanh([U]\{P\} + \{b\})$$

ANN으로 분석과정에서 입력 데이터의 가중치의 합을 tanh와 같은 활성화 함수를 정규화하지 않으면 신경망은 처음부터 넓게 산발적으로 흩어진 데이터를 토대로 학습을 진행하기 때문에 예측한 값과 실제값의 오차가 최소화되는 지점을 찾아가는 데 에너지가 더 많이 필요합니다. 우선 인공 신경망 모형이 예측한 오차가 최소가 되도록 비용함수를 기준으로 가중치와 편차(w, b: $y = wx + b$ 함수식)를 찾는 방법을 경사 하강법(Gradient descent)이라고 하는데요. 이를 〈그림 2-8〉과 함께 좀 더 예를 들어 설명해 보겠습니다. 그림과 같이 w와 b, y변인의 값을 3차원(등고선: contour)으로 도식화하면 〈그림 2-8〉과 같습니다.

〈그림 2-8〉은 우리가 예측한 모형의 오차가 최소화되는 비용함

그림 2-8 비정규화와 정규화에 따른 오차 최소화 거리 비교

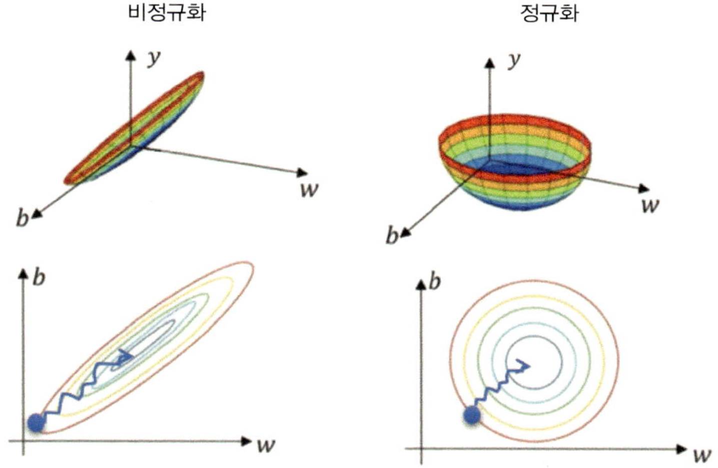

출처: deeplearning.ai | Andrew Ng

수를 3차원 등고선으로 시각화했을 때 어떠한 차이가 나타나는지 보여주고 있습니다. 예를 들어 〈그림 2-8〉의 왼쪽처럼 분석데이터의 구조가 비스듬한(skewed) 타원형(ova)으로 입력값을 표준화를 하지 않은 경우를 나타냅니다. 반면 오른쪽과 같이 이를 정규화하면 일정한 등고선을 가진 원(circle) 모양으로 바꿀 수 있는데요. 그러면 랜덤하게 부여된 지점(●)에서 정규화와 비정규화한 데이터에 대한 경사 하강(이 개념은 뒤에서 설명하겠습니다.)을 시작하면 오차가 최소인 지점을 찾아가는 시간에 차이가 나게 되지요. 다시 말해 정규화를 하지 않으면 컴퓨터가 오차함수의 최소값을 찾아가는 과정, 즉 경사 하강을 위해서 더 많은 컴퓨터 연산단계가 필요하기에 비효율적이란 말입니다. 넓고 산발적으로 흩어진 데이터를 정규화하는 것은 계산의 효율을 높이기에 중요합니다.

이렇게 인공 신경망은 입력 → 은닉 → (활성화 함수) → 출력단계의 구조를 가짐으로써 전체적인 입력정보의 의미를 체계적으로 판별합니다. 특히 인공 신경망의 활성화 함수는 입력과 출력과정에서 입력된 데이터와 수백, 수천 개의 연결망의 가중치를 효율적으로 계산해 줍니다. 인공 신경망의 활성화 함수가 정규화(normalization)한 값을 도출해 주기 때문입니다. ANN의 출력층은 입력층으로부터 전달받은 수많은 노드의 가중치들을 기반으로 예측값과 실제값의 차이를 지속해서 분석하면서 오류를 최소화하는 방향으로 가중치를 조정하는 과정을 인공지능이 '학습한다(learning)'라고 합니다. ANN 구조의 마지막 단계에서 현실세계의 우리는 정규화된 0과 1, 또는 −1에서 1 사이의 결과뿐만 아니라 실제 단위로 환산한 결과값이 필요하죠. 이러한 문제를 해결하기 위해서 인공 신경망을 통해 도출한 정규화 값을 다시 역변환하는 역정규화(denormalization) 절차가 있습니다. 즉 처음 입력한 데이터 값을 활성화 함수로 정규화(-1~1)한 값을 가지고 역변환하면 실제값을 얻을 수 있습니다. 정규화 이전의 실제값을 얻기 위해서는 입력한 변수의 최대와 최소값(max, min)을 알고 있어야 합니다. 이를 토대로 역정규화한 값을 얻을 수 있습니다.

(3) 오류 역전파와 경사 하강법

인공 신경망은 수많은 노드 간의 연결망을 통해 입력과 결과의 오차를 스스로 수정합니다. 이러한 과정은 곧 인공 신경망이 학습(훈련)한다는 말과 같습니다. 얼마나 인공 신경망이 오차를 최소화하는 방향으로 학습을 했느냐에 따라 정확한 예측과 분류를 할 수 있습니다. 그렇다면 인공 신경망이 오차를 최소화하는 학습 또는 훈련은 어떻게 하는 것일까요?

사람이 어떠한 대상이나 물건을 처음보면 본인이 알고 있었던 지식체계(모형)와 현실의 정보와의 차이를 수정하면서 현실속의 대상을 정확히 규정해 나갑니다. 이처럼 ANN도 도출한 예측모형이 현실속의 실제와 얼마만큼의 오차가 있는지를 토대로 오류를 개선하는 일련의 학습규칙이 있습니다. 우리는 이것을 오차 역전파 또는 오류 역전파(Backward Propagation) 알고리즘이라고 합니다.

개념적으로 오차 또는 오류 역전파는 출력단계서 도출한 값과 실제값의 오류를 역으로 앞단의 연결망으로 전달하여 출력단계로 오는 오류를 최소화하도록 가중치(w: weight)를 계속해서 수정하는 절차를 따릅니다. 그렇게 이전 단계는 또 그 이전 단계에 연결된 가중치의 오차크기를 단계적으로 조정해 나가는 프로세스를 반복함으로써, 우리가 원하는 혹은 인내 가능한 수준의 최소 오차값(최종 결과값과 실제값 차이)을 얻을 때까지 반복합니다. 역방향으로 인공 신경망이 연산작용을 하면서 실제 결과와 원하는 결과 사이의 차이가 가능한 가장 적은 오차수준에 도달할 때까지 노드 간의 연결 가중치를 조정합니다. 기본적으로 인공지능 알고리즘이 학습하는 과정은 우리가 원하는 기준 혹은 최소한의 오차값을 얻을 때까지 모든 노드의 연결 가중치를 조율해 나가는 절차와 같습니다.

오류 역전파 알고리즘에 대한 개념을 도식화하면 〈그림 2-9〉와 같습니다. 인공 신경망은 인간의 뇌 신경세포가 활성화 계수의 힘을 조율하는 과정과 유사합니다. 인공 신경망의 활성화 함수는 입력 데이터값을 어떻게 보낼지를 처리하기 위해 은닉 → 출력층 사이에 위치하는데요. 인공 신경망의 입력신호 순전파와 오류신호 역전파 흐름을 〈그림 2-9〉의 (a)를 중심으로 살펴보면, 활성화 함수는 이전 단계에서 들어온 입력신호의 가중치 합, 즉 $z_k(=b_k+$

그림 2-9 입력신호 순전파와 오류신호 역전파 계산도

(a) 입력순전파(forward-Propagate input signals)

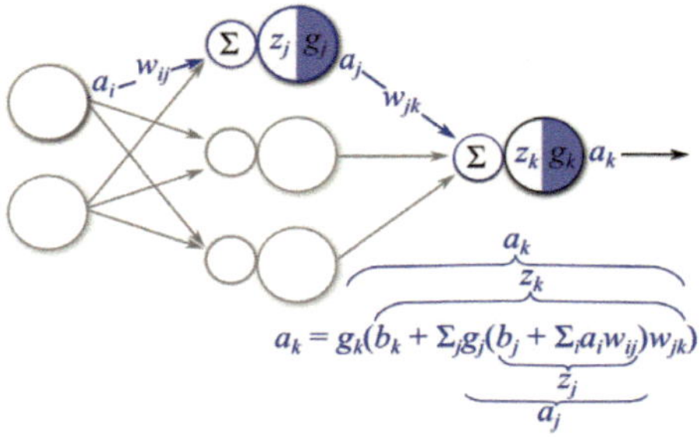

(b) 오류역전파(back-propagate error signals)

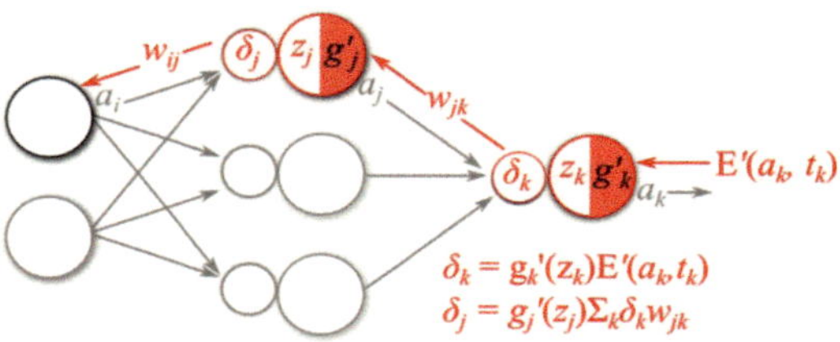

출처: en.proft.me/2016/06/15/getting-started-deep-learning-r

$\Sigma_j g_j(b_j + \Sigma_i g_i w_{ij}) w_{jk}$)를 입력으로 받아 최종 출력전에 g_k로 다시 한 번 변환하는 절차를 진행합니다. 〈그림 2-9〉의 (a)처럼 입력신호 순전파 값(a_k)은 아래와 같은 계산식으로 나타낼 수 있습니다.

$$a_k = g_k(b_k + \Sigma_j g_j(b_j + \Sigma_i g_i w_{ij}) w_{jk})$$

반면, 〈그림 2-9〉의 (b)의 오른쪽의 오류 역전파는 인공 신경망의 입력값(z_k)과 가중치 g_k로 예측한 값이 a_k와 실제값(t_k) 사이의 오차(E)가 중요합니다. 이 오차를 중심으로 g_k에서 역순으로 모든 연결망의 가중치를 미세하게 조정해 나가는 작업을 진행합니다. 즉 최종단계에서 역순으로 가중치를 조절하는 미분값(δ_k)은 $\delta_k = g_k'(z_k)E'(a_i,\ t_k)$의 계산식이고, 그 다음 역순지점인 ($g_j$)에서 가중치를 수정하는 계수는 $\delta_j = g_j'(z_j)\sum_k \delta_k w_{jk}$)로 정리할 수 있습니다.

실제값과 예측값의 오차를 기준으로 역순의 가중치를 수정절차에 대해 좀 더 알아보겠습니다. 앞서 우리는 입력층과 은닉층 및 출력층의 선형회귀모형 가중치 w값을 조정해서 예측과 실제값의 오차를 최소화한다고 배웠습니다. 인공 신경망이 훈련 또는 학습한다는 의미는 입력과 은닉 및 출력층 간의 연결노드의 가중치를 실제와 예측값의 오차를 최소화하는 방향으로 업데이트하는 과정입니다. 입력신호의 순전파(Forward Propagation: 입력층 → 은닉층 → 출력층)는 입력층의 정보신호가 은닉층을 거쳐 출력층으로 전파하는 과정에서 각각의 노드에 가중치(w) 값을 부여하여 결과값을 최종적으로 도출합니다. 반대로 오류 역전파(Backward Propagation)는 순전파과정의 역순으로 출력층에서부터 시작하여 은닉층과 입력층으로 실제와 예측값의 오차를 최소화하는 가중치 w값을 업데이트 함으로써 최종 출력값을 계산하는 방법을 취합니다.

〈그림 2-10〉과 같이 은닉층 이후 가중치(w_{a1y}, w_{a2y})와 시그모이

그림 2-10 오류 역전파 개념도

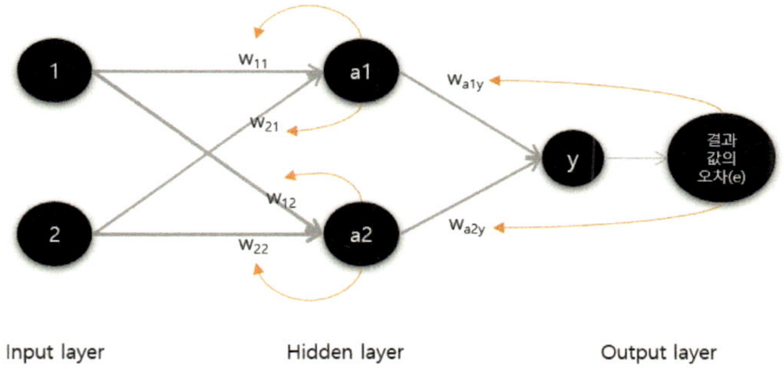

드 활성화 함수의 계산식에 따라 예측결과 값인 y는 실제값과 오차(e)를 나타내기 마련인데요. 오류 역전파는 이러한 오차를 토대로 예측한 결과(y)의 오차(e)만큼 바로 앞단계에 있는 연결망의 가중치(w_{a1y}, w_{a2y})를 수정하고, 그 다음 역순으로 각각의 연결망의 가중치를 수정해 나갑니다. 마찬가지로 결과값에 영향을 미치는 은닉층 a1의 노드지점을 중심으로 살펴봐도 입력된 가중치(w_{11}, w_{21})들이 아래와 같이 개별적으로 가중치의 비율만큼 오차값이 적용됨을 알 수 있습니다.

$$\text{가중치}(w_{a1y}) = e_{output(y)} \times \frac{w_{a1y}}{w_{a1y} + w_{a2y}}$$

$$\text{가중치}(w_{a2y}) = e_{output(y)} \times \frac{w_{a2y}}{w_{a2y} + w_{a1y}}$$

$$\text{가중치}(w_{11}) = e_{hidden(a1)} \times \frac{w_{11}}{w_{11} + w_{21}}$$

$$\text{가중치}(w_{21}) = e_{hidden(a1)} \times \frac{w_{21}}{w_{21} + w_{11}}$$

이렇게 가중치를 역순으로 업데이트하는 오류 역전파의 방법은 가중치의 값이 크면 클수록 비례해서 오류의 업데이트 비율이 커집니다. 수많은 개별노드와 연결 가중치들(w_n)을 조정해 나감으로써 출력층의 예측값과 실제값의 오차를 최소화하는 방법을 취합니다. 즉 결과값 산출단계에서 계산한 예측값과 실제값의 차이를 이용해서 인공 신경망 노드 사이의 연결망 가중치를 역으로 조율해 나가는 방식으로 예측값의 정확도를 높입니다.

〈그림 2-11〉과 함께 제시한 argmin$(t-o)^2$을 공식으로 살펴보면 우리 인간은 직관적으로 예측값과 실제값의 차이 즉, $t=0$이라는 값을 알 수 있습니다. 그러나 컴퓨터는 인간처럼 직관적이지 않

그림 2-11 결과값과 예측값 오차 편미분을 통한 최적값 도출개념도

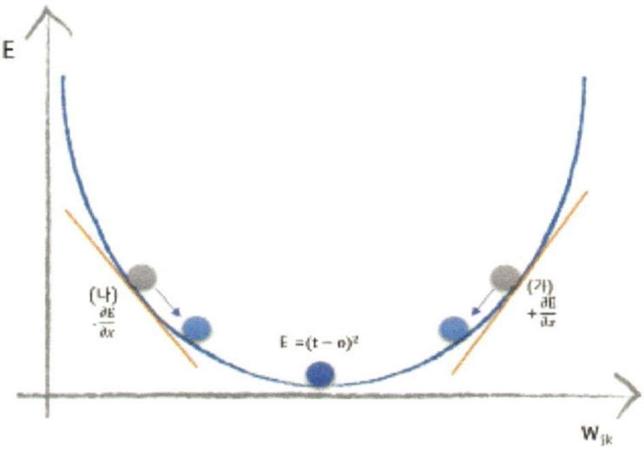

$$\text{argmin}\sum_{n=1}^{\infty}(t_n - o_n)^2 \Rightarrow \text{argmin}(t - o)^2$$

출처: 김정환 · 박노일 (2022), 60쪽

고, 단지 빠른 계산능력을 갖추고 있을 뿐입니다. 즉 컴퓨터는 빠르게 계산하는 단순한 강점을 가졌을 뿐 인간이 가진 직관이 없습니다. 컴퓨터 프로그램을 통한 오차가 '0'인 지점을 찾기 위해서 무작위로 수많은 값을 모두 입력하는 단순한 방법(무차별 대입: brute force)을 활용하기도 했습니다. 인공 신경망은 오차함수(E)를 가중치(w_{jk})로 편미분을 했을 때, 그림의 (가) 지점처럼 특정 지점에서 '+' 기울기가 나오면 '0' 지점으로 갈 수 있도록 '−'방향으로 취해주고, 반대로 편미분(나)의 '−' 기울기가 나오면 '0' 지점으로 갈 수 있도록 '+'방향으로 이동시킵니다. 그래서 인공 신경망에서 오차함수는 실제와 예측값이 맞아 떨어지거나 최소화되는 지점의 가중치(w_{jk})를 찾도록 해줍니다.

이는 〈그림 2-12〉가 묘사하고 있는 것처럼, 한밤중 산속에서 길을 잃은 사람이 끊임없이 산비탈과 경사지를 확인하며 안전한 평지를 찾아 내려가는 과정과 유사합니다. 마찬가지로 인공 신경망

그림 2-12 험준한 산속을 탐색하며 하산하는 과정을 닮은 경사하강법

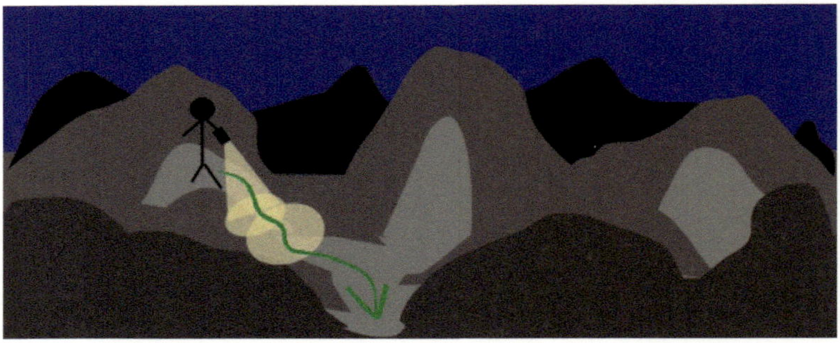

출처: Rashid, T. (2016)

은 실제값과 예측값의 오차를 최소화하는 지점으로 수렴할 수 있도록 계속해서 편미분의 기울기를 기준으로 한 단계씩 하향하여 오차의 최저점(0)에 도달하고자 합니다. 이렇게 편미분의 기울기 값의 조정을 통해 예측값과 실제값이 최소화하는 지점을 찾아가는 방법을 '경사 하강법(Gradient Descent)'이라고 합니다. 그렇다면 인공 신경망이 예측한 값과 실제값의 오차를 최소화하는 w를 계산하는 공식은 무엇일까요? 다소 복잡해 보이지만 인공 신경망에서 우리가 얻고자 하는 오차함수(E)에 대한 가중치의 미분계산 공식은 다음과 같습니다.[1]

$$\frac{\delta E}{\delta w_{jk}} = -(t_k + o_k) \cdot \text{sigmoid}(\Sigma w_{jk} \cdot o_j)(1 - \text{sigmoid}(\Sigma w_{jk} \cdot o_j)) \cdot o_j$$

이렇듯 인공 신경망은 활성화 함수를 동원하여 입력층과 은닉층 간의 연결망을 설정하고 순/역전파의 반복적인 계산(학습)을 통

1 본 계산식에 대한 세부적인 절차는 [김정환 · 박노일(2022) 비전공자의 인공지능 입문, 62~67쪽]을 참조하기 바랍니다.

해 최적의 예측값을 도출하는 과정(학습)입니다. 즉 이러한 조정 혹은 학습하는 과정을 머신러닝(machine learning)이라 합니다. 머신러닝과 딥러닝에 대한 학자마다 다른 정의를 내리고 있지만, 딥러닝(deep learning)은 머신러닝의 과정에 은닉층을 더 추가하여 심층적인 학습단계를 부여하는 것을 의미합니다. 어쨌든 기본적으로 딥러닝이란 위 최종 예측값(y) 계산과정에서 특성추출과 같은 추가적인 학습단계를 더 심층적으로(깊이) 반영함으로써 심층적인 분석(예측값 y추정)을 진행한다는 것을 이해하고 있으면 될 것 같습니다.

(4) 데이터 분할과 머신러닝 분석절차

〈그림 2-13〉은 머신러닝 과정에서 데이터 분할의 목적과 크기를 대략 보여주고 있습니다. 인공지능이 학습 즉 훈련(training)을 통해서 오류를 최소화하는 가중치들의 조합을 완성했다면, 이것이 실제 다른 데이터 세트의 자료에도 적용 가능한지를 평가

그림 2-13 데이터 세트의 분할: 훈련-테스트-검증 데이터

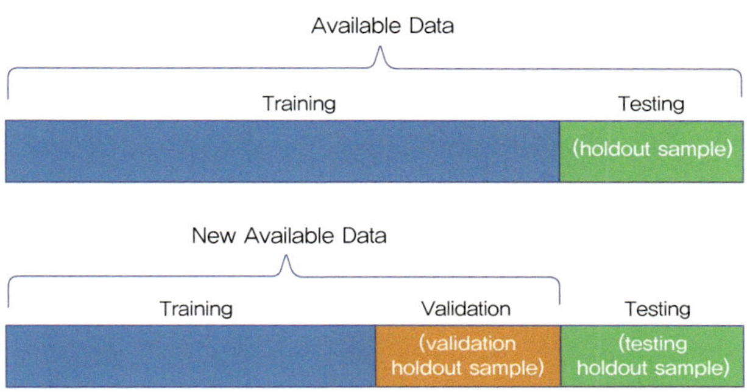

출처: algotrading101.com

(testing)해야만 외적 타당도를 확보해야 합니다. 이러한 작업을 위해서 학습(훈련) 데이터와 별도로 평가를 위한 데이터를 나눠 준비해야 겠지요.

그래서 〈그림 2-13〉과 같이 가용한 데이터 중에서 약 80% 정도를 훈련데이터 세트로 활용하고 나머지 20% 정도를 테스트(평가) 데이터 세트로 활용합니다. 훈련데이터 세트는 말 그대로 인공 신경망 모형이 훈련하는 데 필요한 데이터들입니다. 테스트 세트는 인공 신경망 모형이 훈련하는 데 사용하지 않은 데이터로서 인공 신경망 모형이 모든 훈련을 마친 후 마지막 단계에서 활용합니다. 즉 ANN 모형이 완전히 새로운 데이터, 즉 테스트 데이터 세트에서도 학습(훈련)했던 모형의 성능과 같은 성과르 나타내는지를 평가하는 데 활용합니다. 한편 검증(validation) 데이터 세트는 훈련 데이터 세트의 한 부분으로 약 20% 정도 됩니다. 즉 인공 신경망 모형을 학습시키기 위해서는 훈련과 테스트 세트를 약 8 : 2로 나누고, 다시 훈련 데이터 내에서 순수한 훈련용 데이터와 검증용 데이터를 약 6 : 2로 나눕니다. 약 60%의 훈련 데이터를 토대로 인공 신경망 모형을 훈련(학습)시킨 후, 이 모형을 다시 검증 데이터를 대입하여 모형의 성능을 개선하는 것이지요. 그런 후 제일 마지막 단계에서 훈련과정에서 경험하지 못했던 데이터인 테스트 데이터를 투입하여 인공 신경망 모형의 정확도를 최종적으로 평가합니다.

이렇게 데이터를 분할하는 근본적인 이유는 무엇일까요? 〈그림 2-14〉의 왼쪽은 '$y = ax + b$'의 회귀식에서 모수(parameter), 즉 기울기 'a'를 찾기 위해 일부 데이터를 놓치더라도 잔차를 최소화하는 직선을 그려놓은 것입니다. 반면 〈그림 2-14〉의 오른쪽과 같이 컴퓨터에게 최상의 정확도를 갖도록 비용함수(cost function)의 'a'를 추정하게 하면 극단적으로 모든 데이터를 연결한 계수값을 도

그림 2-14 과적합 방지를 위한 데이터 분할

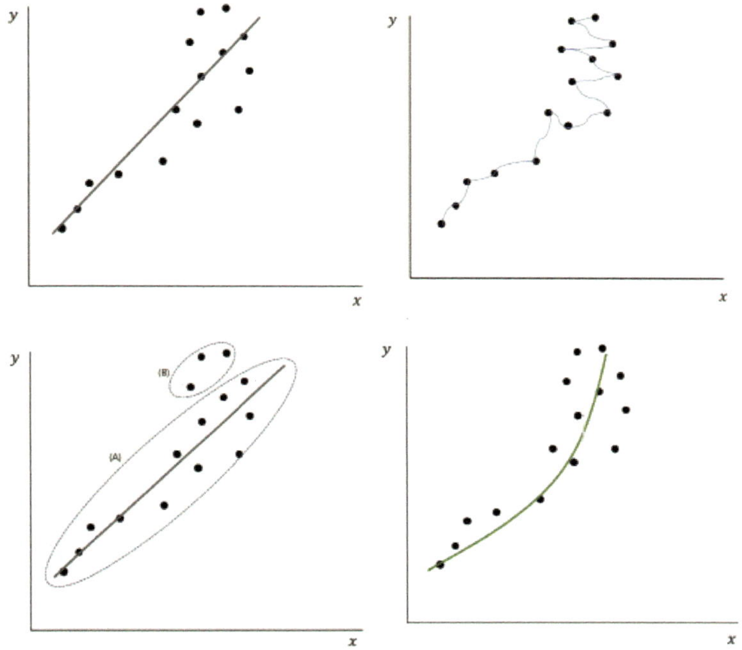

출처: 김정환 · 박노일 (2022), 68~69쪽

출해 줍니다. 그러면 너무 과도하게 정확한 기울기(회귀계수)를 추정합니다. 기본적으로 인공 신경망은 물론 전통적인 회귀분석의 목적은 다양한 현상이나 대상에 대한 설명력과 일반화 가능성을 높이는 데 있습니다. 그래서 일반 통계분석에서는 구체적인 사례에 정확도가 높아지면 반대로 일반화 가능성은 줄어들 수밖에 없습니다. 이렇게 인공 신경망이 학습하면서 데이터 오차를 극단적으로 감소시켜서 모형의 적합도를 높이지만 실제 사례에 적용하면 오히려 설명력이 줄어드는 문제를 과적합(overfitting)이라고 합니다. 과적합을 해결하는 방법의 하나가 기계가 훈련(training)하는 데이터와 검증(validation), 평가(test)하는 데이터를 분리하는 방법입니다. 이를 데이터 분할(data spiliting)이라고 합니다.

구체적으로 〈그림 2-14〉의 하단과 같이 인공 신경망은 (A) 데이터로 학습하고 별도의 (B) 데이터를 통해 검증함으로써 〈그림 2-14〉의 오른쪽 아래와 같이 과적합 문제에 대응합니다. 전체 데이터 중 60%, 20%, 20%로 나눈 후 60%를 통해 훈련(training)하고, 20%로 검증(validation), 그리고 나머지 20%로 최종 평가(test)를 진행하는 절차를 따릅니다. 학습(훈련)과 검증에 80%의 데이터만 사용하고 실전에 해당하는 테스트는 별도의 20% 데이터를 활용한다는 의미입니다. 이렇게 하면 〈그림 2-14〉 오른쪽 아래와 같이 적절한 복잡도를 가지면서도 설명력 높은 비선형의 회귀모형 계수를 도출할 수 있습니다.

한편, 인공 신경망 등 머신러닝을 활용한 인공지능 알고리즘이 문제를 해결하는 과정은 〈그림 2-15〉와 같이 크게 5단계로 구분해 볼 수 있습니다. 제1단계는 '문제정의 하기'입니다. 인공지능을 활용하여 문제를 해결하기 위해서는 먼저 풀어야 할 과제가 무엇이고, 달성해야 할 구체적인 목표가 무엇인지를 정의해야 해야 합니다. 또한, 인공지능이 만능이 아니므로 인공지능으로 해결할 수 있는 문제인지도 살펴야 합니다. 인공지능으로 풀 수 있는 문제인

그림 2-15 인공지능의 문제해결 단계

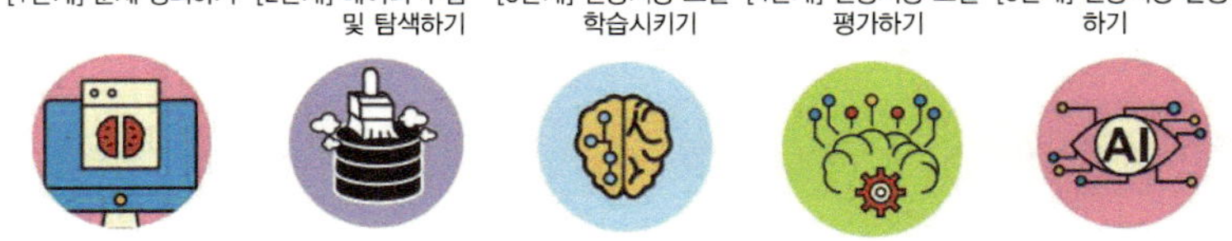

출처: 한국교육방송공사 (2021), 29쪽 수정

지 아닌지를 알 수 있으려면 인공지능의 기본원리를 알고 있어야 합니다. 그래야만 본인이 해당 분야 전문가가 아니더라도 관련한 분야에 숙달한 파트너와 협업을 할 수 있을 테니까요.

두 번째 '데이터 수집 및 탐색' 단계입니다. 제1단계에서 정의한 문제를 해결하기 위해 데이터를 수집하고 핵심 속성을 파악하며 데이터 전처리 과정을 밟아야 합니다. 아울러 인공지능 모형이 학습할 데이터(훈련 데이터/검증 데이터)와 평가를 위한 데이터(테스트 데이터)를 나눠 놓는 단계입니다. 세 번째 단계는 '인공지능 모형훈련' 단계입니다. 인공지능이 학습하는 단계로서 앞서 정의한 문제해결에 적합한 인공지능 모형을 선택하고 데이터를 입력하여 모형을 훈련시킵니다. 이때 훈련과 검증 데이터를 적절한 비율을 나누어 학습시키며 모형의 성능을 개선해 나갑니다. 네 번째 단계는 '인공지능 모형평가' 단계입니다. 앞선 단계에서 업그레이드한 모형을 최종적으로 테스트 데이터 세트에 반영하여 모형의 성능을 평가함으로써 모형의 정확도(accuracy) 등을 살핍니다. 이때 인공지능 모형의 성능이 만족스럽지 못한 결과를 내었다면 다시 이전 단계로 돌아가서 단계별 수행내용을 수정해야 합니다. 마지막으로 '인공지능 모형의 활용' 단계입니다. 인공지능 모형의 정확도 등 성능 평가가 적절하다고 판단하면 해당 모형을 토대로 정의한

그림 2-16 인공지능의 데이터 분석절차

출처: 한국교육방송공사 (2021), 44쪽

문제를 해결하는 데 활용하면 됩니다.

인공지능을 활용한 문제해결의 5단계와 함께 데이터 분석을 중심으로 구체적으로 살펴보면 〈그림 2-16〉과 같이 좀 더 세분화할 수 있습니다. 첫 번째는 마찬가지로 '문제정의' 단계입니다. 이 과정에서는 데이터 분석의 목표가 명확하도록 문제가 무엇인지를 구체적으로 규정해야 합니다. 인공지능을 활용한 데이터 분석을 통해 최종적으로 얻고자 하는 것이 무엇인지 명확하게 정의할 필요가 있는 것이지요. 그래야만 이에 관련한 데이터 구조를 파악하고 필요한 데이터를 수집할 수 있습니다. 두 번째는 '데이터 수집' 단계인데요. 앞서 정의한 문제해결에 필요한 데이터를 수집하는 단계입니다. 데이터확보는 설문조사나 전자기기 센서 등을 활용하여 직접 수집하거나 정부에서 제공하는 공공 데이터(예, 서울 열린 데이터 광장(https://data.seoul.go.kr)) 혹은 민간에서 제공하는 데이터(예, 캐글(https://www.kaggle.com))를 이용하는 방법이 있습니다. 민간이든 공공기관이 제공하는 데이터를 확보한 후, 분석에 반영할 수 있도록 파이선 등 코딩 프로그램으로 데이터의 구조를 탐색적으로 살펴보는 작업을 진행합니다.

세 번째로는 데이터 전처리단계입니다. 데이터의 전처리는 데이터의 결측값, 이상치, 중복값 등을 처리하여 품질이 좋은 데이터로 재구성하는 절차입니다. 한마디로 원본데이터를 분석하기 좋은 형태로 정제하는 단계입니다. 결측값을 확인하고 삭제하거나 다른 적절한 다른 값으로 대체합니다. 네 번째는 데이터를 시각화하고 분석하는 단계입니다. 수집한 데이터 그 자체로는 전체를 파악하기 어려운 경우가 많습니다. 이런 경우를 대비해서 미리 데이터를 다양한 형태로 시각화해보면 데이터 변환 가능성은 물론 변수 간의 관계를 전체적으로 파악할 수 있습니다. 또한, 시각화를 통해 숨어 있는 정보를 찾아낼 수도 있으며 연속적인 값의 변화패턴을 파악하는 데도 활용할 수 있지요. 시각화와 함께 데이터 통계분석을 진행하여 전체 데이터의 특징이나 경향을 대표할 수 있는 평균값, 중앙값 등으로 데이터의 통계를 요약적으로 확인해 봅니다. 마지막으로 데이터 분석결과 도출단계입니다. 이 과정은 앞선 단계, 즉 문제를 정의하고 필요한 자료를 수집한 후 수집한 데이터의 전처리 및 데이터 시각화와 통계분석을 통해 최종적으로 얻은 모형의 성능과 특징을 파악하고 문제해결에 적용하는 과정입니다.

2.2 합성곱 신경망(CNN)

인공지능을 활용한 분석에 적용 가능한 데이터는 크게 정형 데이터와 비정형 데이터로 나눕니다. 정형 데이터는 미리 정해진 형식과 구조에 따라 체계적으로 구성된 데이터를 말합니다. 흔히 알고 있는 엑셀 스프레드시트 자료처럼 행과 열로 표현할 수 있는 데이터를 말합니다. 정형 데이터는 행과 열, 숫자, 문자열, 날짜 등 명확한 변수구조와 규칙성을 가지고 있어서 저장공간이 많이 필요하지 않고 관리하기가 쉽습니다. 앞서 알아본 인공지능 알고리즘을 활용한 데이터 분석절차도 정형 데이터를 중심으로 한 진행순서입니다. 문제는 데이터가 행과 열로 표현되어 있지 않은 형태, 즉 방송매체의 이미지와 오디오, 유튜브 등 소셜 미디어의 사진과 동영상 데이터라면 어떻게 분석할 수 있을까요? 일단 이미지, 오디오, 동영상처럼 정해진 규칙이나 구조가 없으며 저장공간이 많이 필요한 데이터, 즉 정형 데이터가 아닌 데이터를 비정형 데이터라고 합니다. 온라인에서 존재하는 대부분 데이터가 비정형 데이터입니다. 비정형 데이터는 직관적으로 데이터의 특정한 구조나 속성을 파악하기가 어렵습니다.

지금부터는 이러한 비정형 데이터의 한 종류인 이미지 데이터를 중심으로 공부해 보겠습니다. 사람이 어떠한 대상을 시각적으로 보고 지각하는 것처럼 컴퓨터도 대상을 파악하고 분석하는 능력을 구현하는 것을 컴퓨터 비전(computer vision)이라고 하는데요. 컴퓨터 비전은 인공지능 알고리즘을 활용하여 영상 데이터를 분석함으로써 이미지 속에 있는 다양한 객체들을 탐색하고 분류하는 기능을 수행합니다. 컴퓨터 비전 프로그램을 정교화하면 매일매일 쏟아져 나오는 수많은 쓰레기를 인공지능 로봇이 스캔하여 재활용이 가능한 물건으로 정밀하게 분류할 수도 있겠지요. 실제로 〈그림 2-17〉처럼 인천에 한 쓰레기 재활용공장에서는 '에이

그림 2-17 컴퓨터 비전기능을 활용한 인공지능 로봇의 페트병 분류사례

출처: 전자신문 (2022. 6. 26.)

트론'이란 이름의 로봇이 쓰레기 더미에서 재활용 가능한 페트병을 분당 96개 정도 분류한다고 합니다. 머지 않아 컴퓨터 비전의 인공지능을 탑재한 로봇이 더 많은 쓰레기 더미에서 더 다양한 재활용품을 더 빠르고 정밀하게 분류하는 날이 올 것입니다. 이렇게 인공지능 로봇이 쓰레기 더미속에서 재활용 가능한 페트병을 분류하듯이, 컴퓨터 비전을 활용하면 복잡한 이미지 형식의 비선형 데이터라도 분석할 수 있습니다.

인공지능을 활용하여 비정형 데이터를 분석하기 위해서는 시각, 텍스트, 음성정보를 디지털 숫자의 조합인 벡터로 변환하는 절차가 필요합니다. 자율주행 자동차도 끊임없이 자동차의 주변 환경을 카메라로 촬영하고 영상 데이터를 분석하는데요. 컴퓨터

그림 2-18 흑백과 3원색의 픽셀 데이터

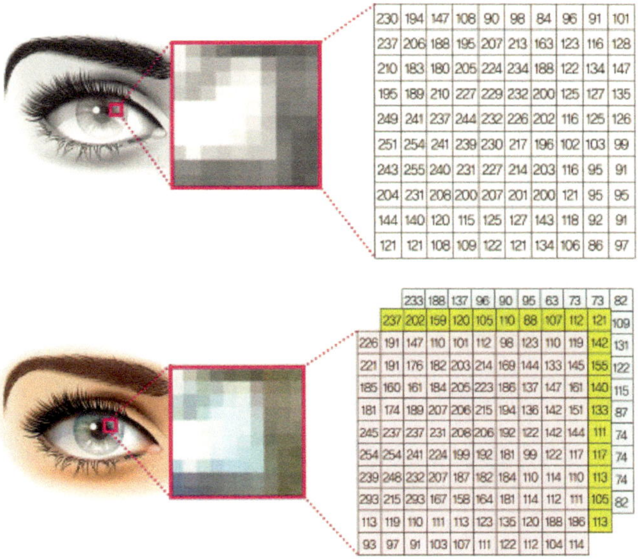

출처: 한국교육방송공사 (2021), 80쪽

가 주변 상황의 이미지를 스캔해서 분석하는 것은 실제로는 이미지를 아주 미세한 숫자형태인 픽셀(pixel)로 수치화하여 분석하는 것과 같습니다. 〈그림 2-18〉처럼 이미지의 픽셀은 화면을 구성하는 최소 단위로 행과 열배열로 이루어져 있습니다. 3원색의 디지털 사진을 보면 모두 다 아주 작은 최소 단위인 픽셀(pixel)로 이루어져 있습니다. 각 배열의 위치에는 빛의 세기에 대응하는 값이 있습니다. 0은 검은색이고 화소값이 커질수록 밝은색의 값인 255를 나타냅니다. 그래서 흑백사진의 경우는 흰색과 검정색 사이, 즉 0부터 255까지의 숫자로 표현할 수 있지요. 칼라의 경우도 빨강/초록/파랑색(Red, Green, Blue), 세 가지 색상별로 0부터 255 사이의 숫자를 혼합하여 표현합니다. 즉 숫자 0은 색상이 없는 것으로 검은색을 뜻하고, 255는 특정 색상의 강도를 최대로 한 것이지요. 그래서 모든 색이 255이면 흰색입니다.

한편, 앞서 공부한 기본적인 인공 신경망은 〈그림 2-19〉와 같습니다. 입력(input) → 은닉(hidden) → 출력(output)층으로 구성되어

그림 2-19 다층 퍼셉트론(multilayer perceptron)

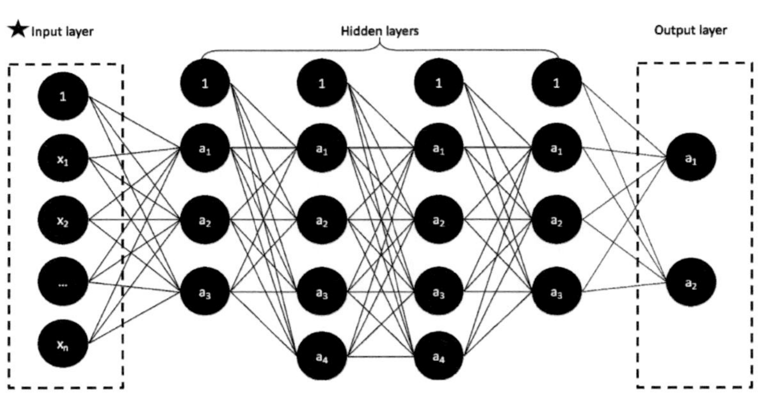

출처: jeremyjordan.me/convolutional-neural-networks

그림 2-20 1채널 이미지 행렬[4×4×1]의 1차원 벡터 전환

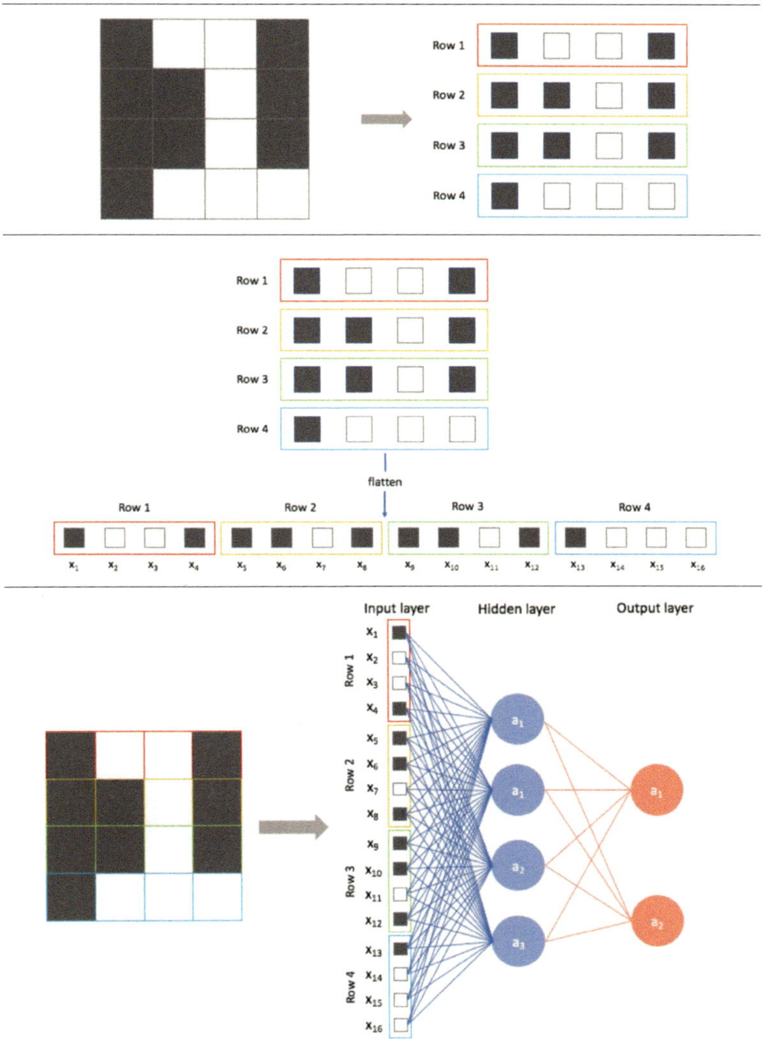

출처: jeremyjordan.me/convolutional-neural-networks

모든 노드가 상호 연결된 네트워크(fully-connected layers) 형태이지요. 이런 네트워크를 완전연결 신경망(Multi-layered Neural Network) 또는 다층 신경망(multilayer perceptron)이라고 합니다. 이러한 인공 신경망은 입력 데이터가 영상이나 사진 등 비정형 데이터라도 이를 벡터로 전환해서 〈그림 2-19〉의 입력층(★)에 투입할 수 있다면 입력한 이미지가 확률적으로 무슨 내용을 담고 있는지를 분류할 수 있습니다. 다시 말해 이미지 데이터도 컴퓨터가 분석할 수 있는 숫자형태의 벡터로 수치화할 수 있다면 문제없이 분석할 수 있다는 말입니다.

〈그림 2-20〉을 통해 이미지 픽셀 데이터를 인공 신경망에 반영하는 구체적인 절차를 살펴볼 수 있습니다. 〈그림 2-20〉은 좀 거친 이미지지만 숫자 '1'을 흑백으로 표현한 사진입니다. 다층신경망에서 색채는 흑백, 즉 1개 채널인 [4×4×1]의 픽셀 이미지(숫자: 1)를 입력하면 '1'로 분류할 수 있다는 것인데요. 가장 간단한 가로 세로 4픽셀의 흑백(단일 채널) 이미지는 [4×4×1] 행렬로 16가지의 벡터 입력값을 구할 수 있습니다. 흑백이나 회색의 경우는 단일 채널이지만, 색채가 있는 컬러이미지는 빨강/초록/파랑색의 광도에 따라 값이 표기되기 때문에 입력 벡터 데이터는 무한정 늘어날 수 있습니다. 또 픽셀에서 빛의 세기(흰색이 최고 강도)에 대응하는 값의 행렬에 따라 더 커질 수 있지요.

이렇게 완전연결 신경망, 혹은 다층 퍼셉트론으로 이미지 데이터를 벡터화해서 분류하는 데 있어서 다소 특징적인 것이 있다면 소프트맥스(softmax)란 함수입니다. 예를 들어 설명해 보겠습니다. 〈그림 2-21〉과 같이 하마(B)와 기린(A)의 키와 몸무게 데이터를 중심으로 두 집단을 분류하는 그래프가 있다고 하겠습니다. 단순 회귀분석을 통한 예측의 경우는 예측값과 실제값 사이의 오차 제

그림 2-21 단순선형회귀 분석과 소프트맥스 함수

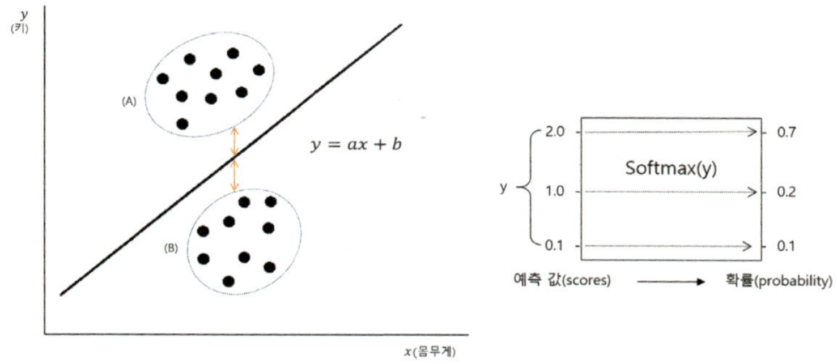

출처: 김정환 · 박노일 (2022), 73쪽

곱합이 최소가 되는 회귀계수(직선)를 찾지만, 집단을 분류하는 경우는 선형회귀와 유사하지만 반대로 오차가 최대인 지점을 찾으면 됩니다. 그런 후에 출력층의 예측값을 확률(probability)로 전환하는 함수를 이용하여 예측값($\hat{y}$)을 0에서 1 사이의 값으로 산출하여 입력 데이터가 어느 집단에 속하는지를 확률적으로 제시해주면 됩니다.

다시 말해 인공지능 모형이 반복적인 학습을 통해 〈그림 2-21〉처럼 몸무게는 비슷하지만, 키가 큰(A) 집단은 '기린'이고, 키가 작은(B) 집단은 '하마'라고 분류할 수 있습니다. 이렇게 학습한 모형에 무작위로 '하마'나 '기린' 데이터를 입력하더라도 입력한 데이터가 속하는 집단을 소프트맥스 함수가 확률적으로 알려준다는 것입니다. 구체적으로 인공 신경망의 활성화 함수와 가중치의 조합인 결과값[$\hat{y} = ReLu(\Sigma wx + b) + s$]을 시그모이드(sigmoid) 함수에 투입해 주면 다층 퍼셉트론은 입력한 데이터가 0~1 사이의 확률로 어느 집단에 속하는지를 알려줍니다. 예를 들어 입력값이 51%로 예측한다면 1로 분류하고, 49%라고 하면 0으로 분류한다는 개념이지요. 인공 신경망 분석에서 도출했던 최종 예측값에 추가로 확률(%)의 값으로 변환하는 시그모이드 함수를 소프트맥스(Softmax function) 함수라고 합니다.

그런데 여기서 다층 신경망(Multi-layered Neural Network)을 활용하여 비정형 데이터인 이미지를 분석하는 데 한 가지 문제가 발생합니다. 앞서 언급한 대로 비정형 데이터가 가진 단점은 데이터의 메모리가 크다는 점입니다. 다시 말해 아주 작은 이미지 화소단위 모두를 벡터로 전환하여 분석할 경우 컴퓨터 연산에 과부하가 걸릴 수 있다는 점입니다. 〈그림 2-22〉처럼 흑백 숫자 '8' 이미지를 벡터로 전환하여 다층 신경망에 투입한 모형인데요. 이 경우 이미지의 행렬이 [28×28×1]이라면 칼라는 [28×28×3] 행렬값(784개의 픽셀)을 가집니다. 또한, 이 완전연결 신경망 모형에 입력한 이미지에 점(.) 하나만 들어가거나 다르게 응용한 형태의 숫자를 입력하면 제대로 된 결과를 도출하지 못하는 '과적합 문제'를 초래합니다. 즉 '8'이란 숫자를 표시한 이미지의 형태가 조금이라도 달라

그림 2-22 숫자 이미지 행렬[28×28] 데이터의 벡터 전환

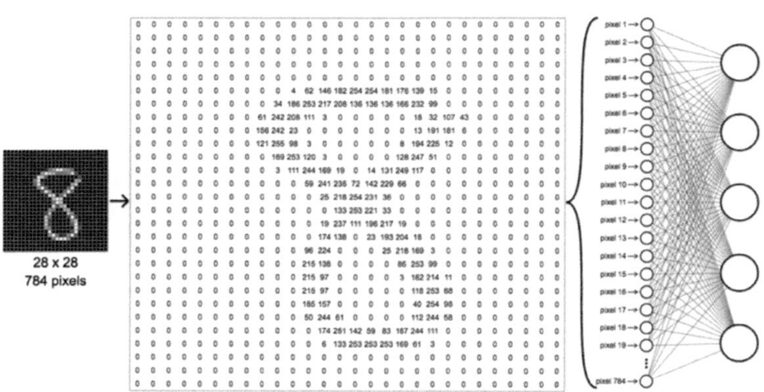

출처: twoearth.tistory.com/31

지거나, 글자의 위치를 회전하는 등 변형(distortion)이 일어나면 완전연결 다층 신경망은 또다시 새로운 학습 데이터로 학습해야 하는 문제가 발생한다는 것입니다.

이렇듯 완전연결 신경망은 이미지에 대한 분류연산에 있어서 힘이 많이 듭니다. 3차원 칼라 매트릭스의 이미지 데이터를 벡터로 전환한 후 인공 신경망에 투입할 경우 입력값들이 무수히 많아져서 컴퓨터의 연산작업에 부담을 주고 분석의 효율성을 저해합니다. 나아가 디지털 이미지의 3차원 행렬정보를 1차원의 벡터로 축약하면서 이미지의 픽셀행렬에 있던 특징적인 공간배열 정보(spatial arrangement of pixels)를 소실하는 문제가 발생합니다. 즉 다층 신경망은 3차원 이미지의 픽셀 행렬 데이터가 갖고 있던 원(raw) 데이터의 위상(topology)을 고려하지 않고 픽셀 행렬을 1차원의 벡터로 단순 · 전환함으로써 애초 이미지 데이터의 속성이 사라지는 문제가 있습니다.

또한, 단순히 이미지 픽셀 데이터를 분석하는 다층 신경망은 너무 완벽한 연결망 형태이어서 근본적인 과적합 문제로부터 자유롭지 못합니다. 즉 이미지의 픽셀 데이터를 벡터로 전환하여 그대로 완전연결 신경망에 투입하면 과하게(극단적으로) 적합성을 추구한다는 것인데요. 만약 자율주행 자동차의 경우 특정 도로의 신호등만 학습하고 다른 도로의 신호등 이미지를 분류하지 못한다면 큰 사고를 일으키기 때문에 과적합해결은 여전히 풀어야 할 문제입니다.

(1) 합성곱 신경망(CNN) 등장과 기본 개념

완전연결 신경망으로 3차원의 이미지를 분석하는 데는 ① 입력 데이터 증가에 따른 연산부담, ② 3차원 픽셀 공간배열 정보소실, ③ 과적합 문제를 해결해야 하는 과제가 있다고 했습니다. 이러한 문제를 단번에 해결한 인공지능 알고리즘이 바로 합성곱 신경망(CNN: Convolution Neurtal Networks)입니다. 사실 CNN은 ANN과 크게 다르지 않습니다. ANN을 이해했다면 크게 문제없이 이해할 수 있으니 잘 따라와 주시기 바랍니다.

먼저 합성곱(Convolution)이란 단어가 무슨 뜻일까요? 위키피디아(Wikipedia)에 따르면 '두 개의 함수 (f)와 (g)가 있을 때, 그중 하나의 함수를 반전(reverse), 전이(shift)시킨 다음, 다른 하나의 함수와 곱한 결과를 적분하는 것을 의미한다.'라고 정의하고 있습니다. 조금 쉽게 설명해 보겠습니다. 영어 'convolution'이란 단어는 '구불구불한 것'을 뜻합니다. 해부학적인 용어로는 대뇌 표면의 주름을 뜻하는 '뇌회(腦回)'로 번역하고, 정보통신 분야에서는 무엇인가 '중첩'된 것, 연결되어 '상승'하는 의미로 쓰고 있습니다. 이런 의미에 좀 창의력을 발휘해 보면 합성곱(CNN)을 조금 쉽게 이해할 수 있을 것 같습니다.

무엇인가를 구불구불하게 중첩해서 새로운 무엇인가를 뽑아낸다는 의미가 'convolution'에 있다면, 합성곱(convolution)+신경망(neural networks)이란 '이미지의 공간배열 정보를 담고 있는 픽셀 데이터의 행렬을 서로 다른 행렬과 중첩(연산)해서 새로운 값을 뽑아내는 연산기법'이라고 할 수 있지 않을까요? 좀 거칠게 이야기하면 합성곱 신경망(CNN)은 입력 이미지 데이터 전체를 한 번 훑어봐서 전체를 아우르는 특징(feature)을 파악하고, 또다시 훑어서 고차원적인 특징들을 잡아내어 더 깊은 수준에서 데이터를 분석하는 알고리즘을 의미합니다.

그렇다면 인공지능의 한 종류로 이름을 가진 CNN은 어떻게 등장했을까요? 우리는 앞서 과적합 문제를 해결하기 위해 데이터를 '훈련/검증/평가(train/validation/test)'용으로 일정 비율씩 나누는 데이터 분할(data split)방법을 동원한다고 했습니다. 예를 들어 완전 연결 신경망이 강아지 이미지 데이터를 분석한다고 하면, 훈련 데이터가 너무 고차원적이고 완벽한 적합성을 띄었으면 검증 데이터를 통해 다른 강아지도 분류할 수 있도록(설명력이 높이는 혹은 일반화 적용 가능성을 높이도록) 차원을 낮추는 작업을 진행한다고 했지요? 여기에 단서가 있습니다. 바로 CNN은 이미지의 픽셀행렬의 벡터전환에 따른 입력값의 증가를 역으로 줄이는 방법으로 완전연결 신경망의 문제에 대응합니다.

인공 신경망이 분석해야 할 변수를 줄이는 작업은 신경과학자의 연구결과를 토대로 발전하였는데요. 1960년대 초반 신경생리학자인 휴벨과 비젤(Hubel & Wiesel, 1962)은 고양이의 뇌가 시각적인 정보를 받아들이는 과정에 특정한 패턴이 있음을 실험을 통해

그림 2-23 휴벨과 비젤(Hubel & Wiesel, 1962)의 고양이 실험

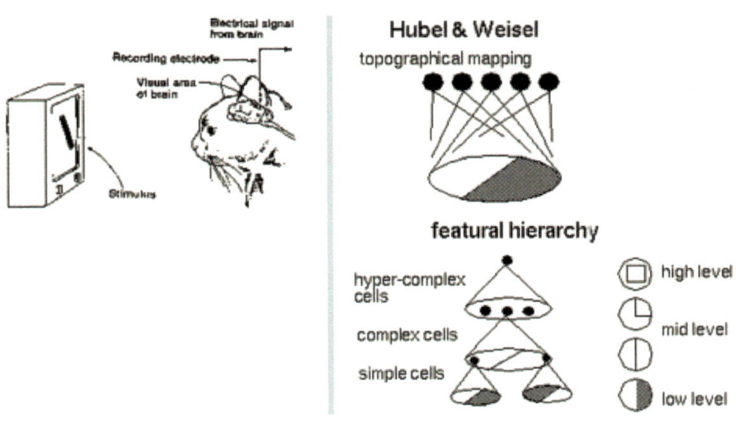

출처: ml4a.github.io/ml4a/convnets

밝혀냈습니다. 〈그림 2-23〉처럼 고양이의 뇌는 먼저 특정한 속성을 갖는 부분(각진 모서리, 갈래 등 특징적 속성)에 반응한 다음에 더 복잡한 뉴런활동으로 대상물을 감지한다는 것입니다. 이러한 현상은 고양이 뿐만 아니라 원숭이 실험에서도 유사한 결과를 나타냈다고 합니다. 고양이가 시각적인 이미지 자극에 위계적(단계적)으로 반응하는 방법은 컴퓨터가 방대한 이미지 (픽셀) 데이터를 효율적으로 분석할 수 있는 틀이 되었습니다. 즉 이미지를 벡터로 전환한 픽셀 데이터 모두를 완전 연결형태로 단순하게 분석하기보다는 특정한 속성을 갖는 부분을 먼저 검토하여 전체적인 특징을 잡아낸 다음, 나머지 불필요한 연결망을 제외하고 다음 단계의 연결망 분석을 진행하면 컴퓨터의 연산로딩이 크게 줄기 때문입니다.

또한, 전체 이미지의 특정한 속성을 기준으로 시작해서 불필요한 영역은 무시하고 특징이 있는 부분을 좀 더 깊이 들여다보면, 컴퓨터의 분류연산에 입력한 변수의 차원을 축소하는 것과 같은 효과를 나타내기 때문에 과적합의 문제도 자연스럽게 해결할 수 있습니다. 이렇게 고양이가 시각정보를 받아들이는 과정에서 알게 된 뇌 활성화의 위계적 구조를 이해하면서 인공 신경망의 응용

그림 2-24 알파벳 'A'에 대한 신(新)인지 신경망(Neocognitron) 적용

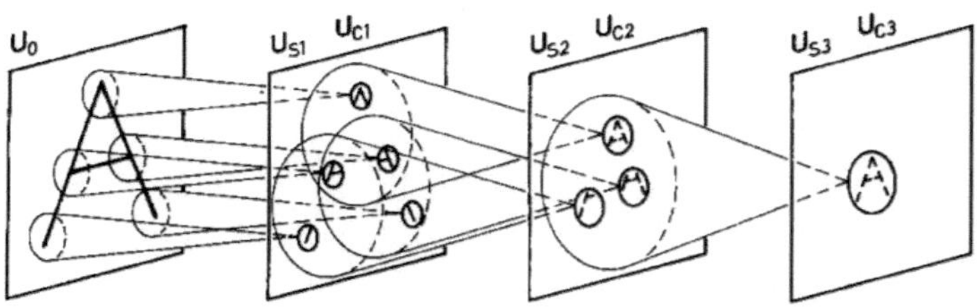

출처: Fukushima (1980), p.198

그림 2-25 LeNet-5(CNN)의 필기체 알파벳 'A' 분류 구조모형

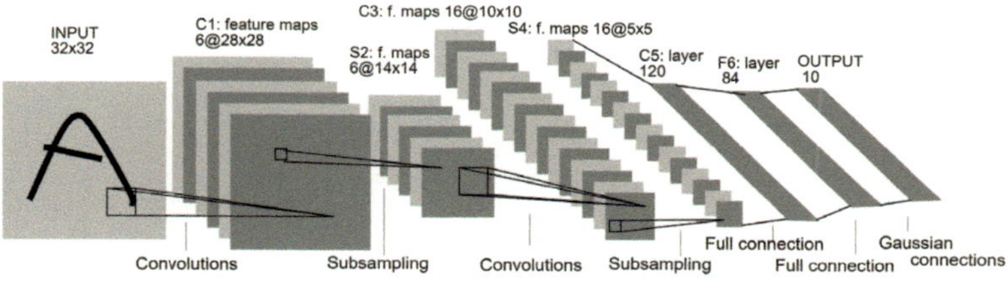

출처: LeCun, et al. (1998), p.7

기술인 합성곱 신경망(CNN)이 등장하였습니다.

휴벨과 비젤(Hubel & Wiesel, 1962)의 고양이 실험에서 영감을 받은 후쿠시마(Fukushima, 1980)는 뇌의 시각피질이 입력된 이미지의 구성적 특성(compositional properties)을 위계적으로 받아들이는 절차를 모방하여 신(新)인지 신경망(Neocognitron) 개념을 고안해 냈습니다. 새로운 인지 신경망이란 〈그림 2-25〉처럼 시각 이미지 입력층에서 출력층까지 각 층이 이전 층의 출력으로부터 특정 패턴을 감지하고, 이를 조합하여 다음 단계의 층위로 보내서 마지막 단계에서는 위계적 특성을 가진 최종 정보를 토대로 최초 이미지를 판별한다는 개념입니다. 글자 'A' 모양에서 모서리나 끝부분 등 최초의 이미지에 대한 특성을 조합한 네트워크를 슬라이딩 필터(sliding filter)형식으로 단계적으로 추출하여 끝에 가서는 전체적인 특성을 아우르는 신경망을 도출한 것이지요. 하지만 후쿠시마(1980)의 연구발표는 오류 역전파 개념이 등장하기 이전이어서 크게 주목을 받지 못하였습니다.

이후 르쿤과 동료들(LeCun, et al., 1998)은 〈그림 2-25〉와 같은 구조의 일명 'LeNet'을 소개하면서 CNN 개념을 공식화하였습니다. 르쿤과 동료들은 사람들이 필기체로 작성한 우편코드 인식을 경

사 하강법을 활용하여 99.3%의 분류 정확도를 달성함으로써 CNN의 유용성을 널리 알리는 계기를 마련했습니다. 이후 많은 컴퓨터 공학자들이 이를 이어 연구를 진행하였는데요. 2000년대에 들어서 벤케(Behnke, 2003)가 이미지 해석을 위한 위계적 신경망 분석(Hierarchical Neural Networks for Image Interpretation)이라는 강의 노트를 저술로 발간하고, 스마드와 동료들(Simard, Steinkraus, & Platt, 2003)도 시각자료 분석과 응용을 위한 합성곱 신경망 구현 방법(Best Practices for Convolutional Neural Networks Applied to Visual Document Analysis)을 학술대회에 발표함으로써 CNN은 널리 알려지게 되었습니다.

이렇듯 합성곱 신경망(CNN)은 합성곱(Convolution)이란 고유의 명칭을 쓰는 인공 신경망으로 이미지 데이터를 자연스러운 텍스트로 설명해 줄 수 있으며, 도로 위 장애물을 탐색하고 스스로 주행할 수 있는 자유주행 자동차 등 다양한 분야로 발전하고 있는 기술입니다. 그럼에도 CNN은 앞서 공부한 다층 신경망과 크게 다르지 않습니다. CNN은 다층 신경망의 모든 기능을 계승하되 후쿠시마(Fukushima, 1980)의 신(新)인지 신경망(Neocognitron) 개념에서 시작한 합성곱 계층(convolutional layer)을 추가만 했기 때문입니다. 그래서 이 세상의 무엇이든 그 대상을 디지털정보로 전환하여 인공 혹은 합성곱 신경망에 입력하여 분석하는 절차는 같습니다.

(2) 합성곱 신경망(CNN) 구조와 특징

LeNet부터 AlexNet까지 발전을 거듭한 CNN의 일반적인 구조(Common architecture)는 〈그림 2-26〉과 같습니다. 〈그림 2-26〉의 자동차 이미지를 예를 들어보면, CNN은 입력된 픽셀행렬 데이터

그림 2-26 CNN의 일반적인 구조

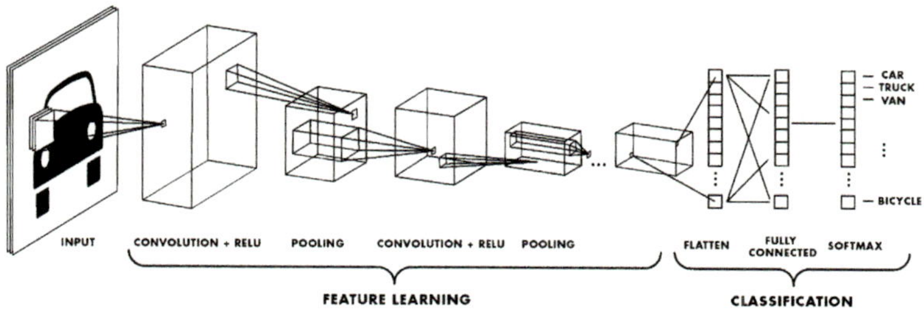

출처: towardsdatascience.com

를 받아들이면서 이미지의 각 부분에서 특출난 속성들의 중요성을 표시하는 가중치 값을 할당하는 필터링 절차와 활성화 함수가 반영됩니다. 또한 풀링(pooling)이란 과정을 거치면서 데이터를 축소한 후 또다시 합성곱 필터링을 심층적으로 반복하여 최종적으로 입력 이미지를 분류하는 딥러닝 알고리즘으로 발전해 왔습니다. 이는 마치 고양이가 어떤 이미지 정보를 시각적으로 처리를 하는 데 있어서 큰 특징적인 부분에 먼저 반응하고 이후에 이를 토대로 그 다음의 높은 판단을 내리는 것처럼 말이죠.

CNN을 제대로 이해하기 위해서는 합성곱 필터(convolutional filter)와 합성곱 계층(convolutional layer), 그리고 풀링(pooling)개념을 이해할 필요가 있습니다. 일단 앞서 공부한 입력-은닉-출력층이 모두 연결된 신경망을 잠시 상기해 보겠습니다. 완전연결 신경망과 CNN은 유사하지만, 입력 데이터 중에서 특정한 속성을 더욱 부각해서 살펴보는 구조(architecture)가 조금 다릅니다.

예를 들어 〈그림 2-27〉과 같이 완전연결 신경망에서 흑백 이미지 픽셀 행렬[28×28×1]의 입력값($x_{1\sim784}$)은 가중치($w_{1\sim784}$)를 서로 곱한 후 모두 합한 값이 z이라고 하면 ($z=b+\Sigma wx$), 가중치

그림 2-27 완전연결 신경망과 가중치 계산식

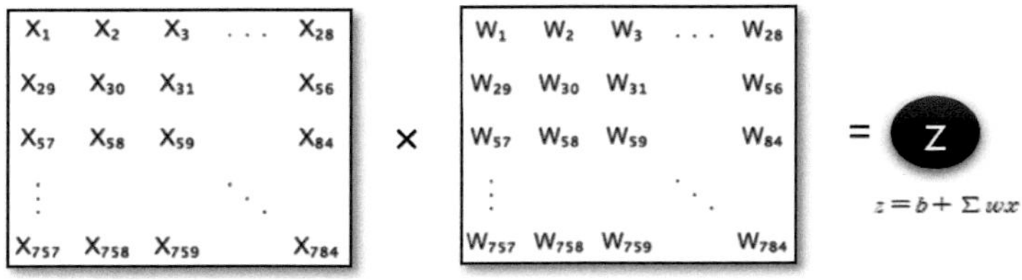

($w_{1\sim784}$)의 조합인 메트릭스는 독특한 정보를 담고 있습니다. 이들 가중치들의 조합은 전체적인 입력값들의 특성(가중치 혹은 기울기)을 나타내주는 표시 혹은 탐지기(detector)와 유사하기 때문입니다. 즉 어떠한 데이터의 속성을 뽑아 놓은 특성 검출기(feature detector)와 같습니다. 따라서 입력된 하나의 이미지 데이터를 완전연결 다층 신경망에서 기울기의 조합($w_{1\sim784}$)을 종합해 보면 이것은 입력 이미지 데이터 전체의 특성을 읽어낼 수 있습니다.

여기서 입력된 이미지 데이터의 변수정보를 모두 완전연결하기보다는 특정한 속성을 가진 가중치, 혹은 기울기들만 좀 더 부각해서 살펴보면 어떨까요? 마치 고양이 뇌가 특정 속성에 더 반응하고 일반적인 정보에는 별 반응을 하지 않은 것처럼 말이죠. CNN에는 바로 이렇게 입력된 이미지 데이터에서 한 차원 높게 특정한 속성을 더욱 집중해서 살펴보는 특성 검출기(feature detector)가 있습니다. 이를 합성곱 필터(convolutional filters), 또는 커널(kernel)과 윈도우(window)라고 합니다. 합성곱 필터는 입력된 이미지 픽셀 행렬 데이터를 단순히 분석에 모두 반영하기보다는 일종의 특출난 정보들만 잡아내 추려내는 필터링 역할을 하는 것이지요. 그러니 컴퓨터 연산과정에서 크게 주목하지 않아도 되는 부분은 넘어가고 집중해야 할 특성은 더 깊이 분석할 수 있게 해줍니다.

그림 2-28 이미지 픽셀[5×5]과 필터[3×3]의 필터링에 따른 합성곱 계층 (convolutional layer) 구성 과정(stride: 1)

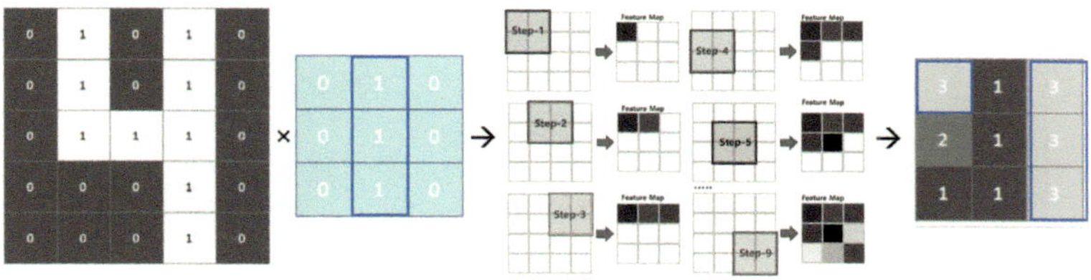

〈그림 2-28〉처럼 합성곱 필터(convolutional filters)로 뽑은 입력데이터의 특성 조합을 합성곱 계층(convolutional layer)이라고 합니다. 구체적으로 합성곱 필터는 전체 이미지 픽셀 데이터 행렬($x_{1\sim784}$)의 하위영역(subregion of the image)을 개별적(〈그림 2-28〉에서는 한칸씩)으로 움직이면서(sliding) 각각의 영역의 가중치를 합산(weighted sum operation)합니다. 이러한 계산과정을 한 칸씩(혹은 여러 칸) 순차적으로 진행하여 입력 이미지의 특성을 뽑아냅니다. 하나의 큰 이미지를 하위영역으로 나누고 또 영역별로 필터가 또다시 뽑아낸 특성(가중치)의 합산값들을 다시 모아 놓으면, 전체 이미지의 특성(가중치)들을 아우르는 그림, 즉 하나의 이미지 데이터를 나타내는 특성지도(feature map 또는 activation map)를 얻게 되지요. 그렇게 얻은 지도가 바로 특성지도의 행렬이며, 곧 합성곱 계층(convolutional layer)입니다. CNN 구조의 핵심은 바로 입력된 정보의 고차원적인 특성들을 담고 있는 합성곱 계층이라고 할 수 있습니다.

구체적으로 CNN에서 특성지도를 만드는 합성곱 필터(convolutional filters)의 적용과정을 〈그림 2-29〉를 통해 살펴보겠습니다. 기본적으로 합성곱(convolution)은 두 데이터의 집합(행렬)을 병합하는 수학적 연산개념인데요. 〈그림 2-29〉의 왼쪽 위(1)처럼 행렬

그림 2-29 합성곱 필터[3×3]와 이동간격(1,2) 및 패딩적용에 따른 합성곱 계층 크기 변화

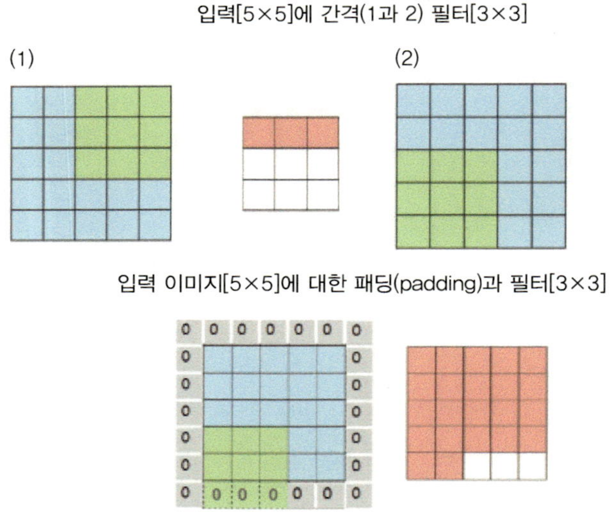

[3×3] 필터가 입력 이미지 픽셀행렬[5×5]을 1칸 간격(stride 1)으로 움직여 가며 필터링을 진행합니다. 〈그림 2-29〉의 왼쪽 아래(2)는 2칸 간격(stride 2)으로 움직인 결과입니다. 입력 이미지 데이터[5×5]에 대해 합성곱 필터[3×3]는 이동간격(Stride 1 또는 2)의 크기에 따라 입력 이미지의 특성지도를 담은 합성곱 계층이 다르게 만들어집니다. 다시 말해 입력 이미지에 대해 합성곱 필터링의 간격을 어떻게 하는가에 따라 합성곱 계층의 크기가 달라지고 또 원래 픽셀행렬의 크기를 축소(sub-sampling)하는 효과를 나타낼 수 있습니다.

반대로 입력데이터의 크기를 동일하게 유지하고 싶으면 패딩(padding)이란 기법을 활용합니다. 패딩은 데이터 원본크기를 유지하거나 더 크게하는 효과(up-sampling)를 나타내는데요. 〈그림

2-29〉의 위쪽처럼 필터링 간격 1과 2에 따라 합성곱 계층의 크기가 달라졌지만([3×3]-간격1 필터: [5×5] → [3×3], [3×3]-간격2 필터: [5×5] → [2×2]), 입력 이미지의 픽셀행렬 테두리를 '0'으로 둘러싸는 패딩(padding) 방법을 취하면 〈그림 2-29〉의 아래쪽처럼 입력 데이터 [5×5]행렬은 [3×3](간격1) 필터링에도 크기는 변화없이 그대로 [5×5]라는 합성곱 계층을 만들어냅니다.

CNN에서 어떠한 특성을 갖는 합성곱 필터를 쓰느냐에 따라 원래 이미지의 특성 추출결과는 다르게 나타납니다. 그렇다면 합성곱 계층에 필요한 필터의 속성을 누가 어떻게 정해야 할까요? CNN 알고리즘에 사람이 별도로 필터의 특성을 지정하지 않습니다. 인간은 단지 컴퓨터가 데이터로 훈련(training)하면서 최적의 필터를 만들어 낼 수 있도록 학습(learn)조건을 매개해 주고(pa-

그림 2-30 합성곱 필터링과 합성곱 계층의 3차원(3D) 구성

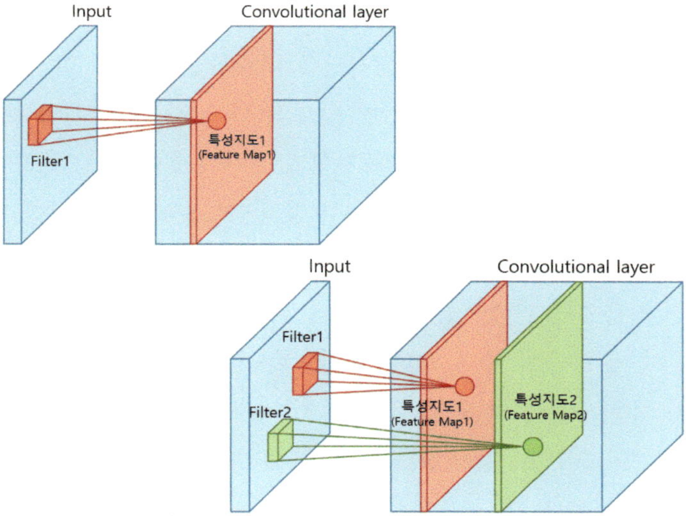

출처: jeremyjordan.me

rameterize) 필터의 숫자만 임의로 지정해 주면 됩니다. CNN의 분석과정과 절차를 알아보기 위해 합성곱 필터링과 학습과정에 대해 좀 더 살펴보겠습니다.

〈그림 2-30〉은 이미지 데이터에 대해 두 개의 필터(filter1, filter2)를 통해서 취득한 특성지도들이 하나의 합성곱 계층내에서 3차원(3D)으로 층층이 쌓아가는 모습을 형상화하고 있습니다. 필터1에 따라 특성지도 1이 만들어지고, 필터2에 따라 특성지도 2가 층층이 쌓입니다. 만약에 여러 필터를 사용하면 그에 따른 개별 특성지도를 함께 쌓아 채널의 깊이를 더한 3D(volume) 형태의 합성곱 계층을 얻을 수 있지요. 하나하나의 특성지도(each depth)는 나름대로 입력 데이터로부터 해독한 독특한 특성지도를 담고 있습니다. 개별필터에 따라 특성지도가 합성곱 계층에 쌓이지만, 각 필터의 연산에 따른 특성추출은 독립적이기 때문에 합성곱 계층내에서 특성지도들은 서로 별개의 형태(Feature Map1, Feature Map2…)로 존재합니다.

합성곱 필터링을 통해 특성지도를 추출하면 할수록 합성곱 계층의 깊이(depth)는 깊어지는 반면에 폭(width)과 높이(height)는 점점 줄어드는 볼륨을 가진 직사각 형태로 바뀌게 됩니다. 무한대로 반복하면 폭(width)과 높이(height)가 각각 1이고 n개의 깊이를 가진 볼륨으로 줄어들 것입니다. 이러한 특성지도를 통해서 합성곱 계층은 처음에는 일반적인 패턴을 식별하고 이후에는 더 고차원적인 특성을 추출할 수 있습니다. 중요한 것은 개별 필터들이 노드간의 차원을 축소하면서도 입력된 이미지 픽셀행렬의 공간적 배열/위치((spatial locations)정보를 함께 가지고 있다는 점입니다.

다음으로 CNN의 구조에서 알아야할 개념은 풀링(Pooling)과 풀링계층(Pooling Layer)입니다. 풀링(pooling)은 합성곱 필터(convolutional filter)와 마찬가지로 특성지도의 크기를 줄이는 역할을 합니다. 풀링을 통해 특성지도의 차원 축소하면(dimensionality reduction), 컴퓨터 연산부담을 줄여줄 뿐만 아니라 지배적인 특성들에 더 집중함으로써 모형의 분석 효과성을 높입니다. 즉 풀링으로 특성지도를 다시 한번 특정한 속성을 중심으로 크기를 줄인 단계의 층(layer)을 풀링계층((Pooling Layer)이라고 합니다. 데이터의 크기를 줄이는 풀링방법은 최대 풀링(Max Pooling)과 평균 풀링(Average Pooling)이 있습니다. 최대 풀링은 특성지도의 특정부분에서 최대값을 뽑아서 풀링계층에 전달하는 반면, 평균 풀링은 최대 풀링과 유사하지만 최대값이 아닌 평균값을 뽑아내는 방법입니다. 최대 풀링은 데이터 차원을 축소하는 과정에서 일종의 잡음을 제거하는 효과(noise suppressant)를 나타내지만, 평균 풀링은 단순한 차원 축소의 개념이 강합니다. 그래서 최대 풀링이 평균 풀링보다 분석의 효율성이 높다고 할 수 있습니다.

〈그림 2-31〉은 합성곱 계층[2×2]에 대해 [2×2] 필터와 간격 2의 방법으로 최대 풀링한 결과를 나타내주고 있습니다. 합성곱의 슬라이딩 간격을 2로 하면서 합성곱 계층의 차원을 축소하는 동시에 각 영역의 행렬값들이 서로 중첩되지 않게 최대값을 추출하

그림 2-31 최대(max) 풀링 결과: [2×2]필터와 간격2

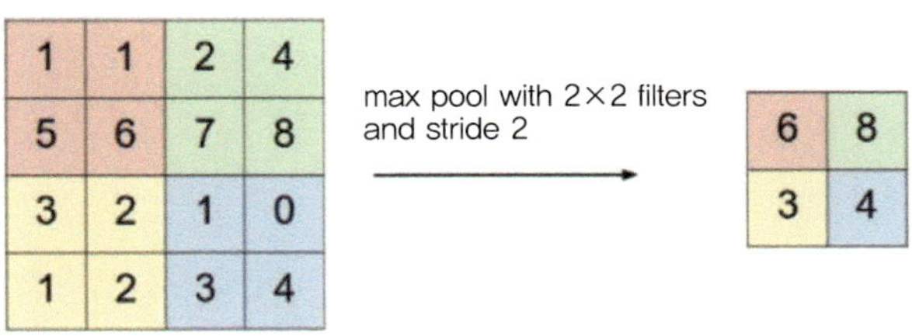

출처: cs231n.github.io/convolutional-networks

는 모습을 보여줍니다. 특성지도의 최대값들을 추출하는 효과성을 고려하여 일반적으로 풀링은 최대 풀링방법을 많이 씁니다. 통상 풀링은 특성지도에 [2×2]의 행렬필터를 사용하여 차원을 축소합니다. 이처럼 풀링의 장점은 이미지 데이터의 정보를 손실하지 않으면서 크기를 압축하고 또 원본 데이터의 특성을 담고 있는 고차원적인 계층을 생성하는 데 있습니다. 하지만 합성곱 필터의 슬라이딩 보폭을 1에서 2로 늘리면 파라미터가 줄어 'sub-sampling' 효과가 나타나기 때문에 별도의 풀링절차가 불필요하다고 할 수 있습니다. 이런 이유로 풀링계층에 대한 인기가 예전만 못하지만, 여전히 CNN을 구성하는 계층으로 유용합니다.

합성곱 계층과 풀링계층은 모두 3차원(3D) 부피를 갖는 매트릭스 데이터입니다. 합성곱 계층 다음에 풀링이 이어지는 게 일반적입니다. 풀링은 합성곱 계층에 있는 특성지도의 깊이(depth)는 그대로 놔두고 데이터 행렬의 폭과 높이를 개별적으로 줄여줍니다. 통상 CNN 아키텍처에서 풀링은 [2×2]의 필터와 패딩없이 슬라이딩 2의 보폭을 쓰고, 합성곱 필터링은 [3×3]의 필터와 패딩, 그리고 슬라이딩 1의 보폭을 주로 사용합니다. 특정한 속성이나 기준값을 가진 합성곱 필터와 다르게 풀링은 특정 변수(parameters)가 아닙니다. 단지 하나의 필터나 창(window)처럼 합성곱 계층의 특성지도를 훑어가며 최대값(또는 평균값)을 단순하게 뽑아내는 역할을 합니다. 이렇게 하여 데이터의 변수와 크기가 줄어들면 인공신경망의 연산속도가 높아질 뿐만 아니라 과적합(overfitting) 문제에도 대응할 수 있습니다.

(3) 합성곱 신경망(CNN)의 분석절차

합성곱 계층은 여러 개의 필터링과 풀링작업으로 구성되는데요. 그래서 ANN과 달리 CNN이라는 고유명칭을 쓰는 것 같습니다. 〈그림 2-32〉는 CNN의 이미지 데이터를 분류하는 전체적인 절차와 단계를 계층과 기능을 중심으로 제시해주고 있습니다.

앞서 우리가 공부한 합성곱 필터링을 통해 합성곱 계층을 형성한 후, 풀링을 통한 풀링계층으로 이미지 데이터의 차원을 축소하여 고차원적인 특성지도를 추출하는 단계를 거칩니다. 그리고 벡터변환 계층을 통해서 완전연결 신경망에 투입할 수 있도록 풀링계층의 데이터를 받아서 1차원(1D) 벡터로 전환(flatten)합니다. 이렇게 입력된 행렬 데이터를 벡터로 전환만 하면, 이후 절차는 앞서 공부한 인공 신경망의 경사 하강법과 오류 역전파(backpropagation with gradient descent)를 통해서 분석하는 과정과 같습니다. 즉 최초 입력한 이미지 데이터의 특성을 예측하는 소프트맥스를 활용한 완전연결 신경망은 최종적으로 입력받은 정보가 어떠한 유형에 속하는지를 확률적으로 분류하는 방식을 취합니다.

실제 CNN 분석사례를 〈그림 2-33〉을 통해 좀 더 자세히 살펴볼 수 있습니다. 얼룩말 이미지 데이터를 입력받은 CNN은 크게

그림 2-32 CNN의 입력 이미지 데이터 분류절차

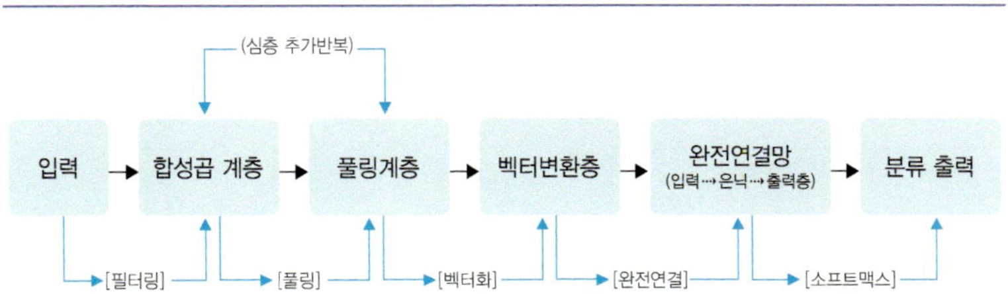

그림 2-33 CNN의 얼룩말 이미지 데이터 분석절차

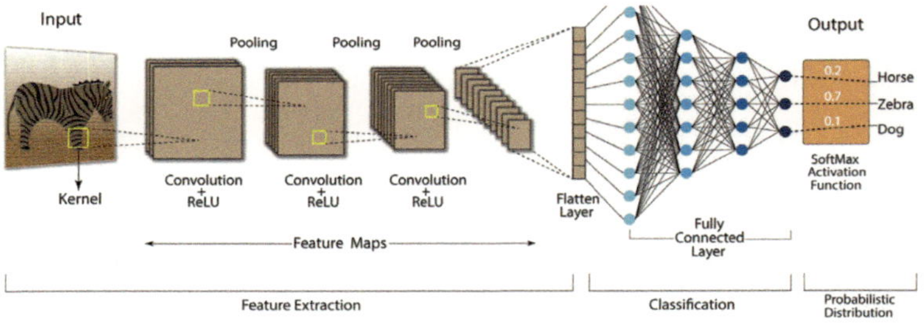

출처: analyticsvidhya.com/blog/2021/05/20

입력 이미지의 특성 추출(feature extraction)과 분류(classification)단계로 구분할 수 있습니다. CNN은 얼룩말 이미지의 특성을 추출해 쌓아 놓은 합성곱 계층(ReLu활성화 함수 병행) 이후 샘플 크기를 줄이는 풀링작업을 3번 반복했습니다. 즉 주어진 '얼룩말' 사진 이미지의 특성을 추출하는 합성곱과 풀링계층은 말의 눈, 귀, 다리, 피부색, 꼬리 등에 대한 특성을 종합적으로 추출하는 절차를 거치는 것입니다. 이후에 모든 값을 벡터로 전환하여 완전연결 신경망에 투입함으로써 입력한 사진이 일반말이 아니라 '얼룩말'인지를 확률적으로 분류해 줍니다. 즉 마지막 풀링계층으로부터 벡터화해서 입력받은 데이터를 완전연결 신경망에 투입함으로써 오류역전파와 경사 하강법으로 입력 데이터가 어떠한 유형에 속하는지를 확률적으로 나타내줍니다. 실제 〈그림 2-33〉의 CNN의 분석절차를 보면 합성곱 필터로 도출한 특성지도에 활성화 함수(ReLu)를 조합함으로써 합성곱 계층의 분석성능을 높이고 있는데요. 이러한 CNN 구조처럼 합성곱과 ReLu 함수의 연산으로 특성을 추출한 합성곱 계층을 만들고 이어서 풀링계층을 배열하는 방법을 많이 쓰고 있습니다. 합성곱 계층(필터링, ReLu연산)과 풀링계층은 입력 이미지 데이터의 공간적인 정보를 소실하지 않으면서 입력 데이터의 특징에 대해 고차원적인 분석절차를 반복한 후 마지막 단계에서 완전연결 신경망으로 입력 데이터를 확률적으로 분류합니다. 그렇게 하여 〈그림 2-33〉처럼 입력된 얼룩말 이미지가 'dog'가 아니라 'zebra'라는 것을 확률로 분류해 주는 것이지요.

기본	[입력] → [{합성곱 → ReLu} × N → 풀링] × M → [FC → ReLu] → [FC]
응용	[입력] → [합성곱 → ReLu → 합성곱 → ReLu→풀링] × 3 → [FC → ReLu] × 3 → [FC]

이처럼 CNN은 입력부터 완전연결 신경망까지 합성곱과 ReLu함수의 구성패턴을 나타내고 있습니다. FC는 Fully Connected ANN을 의미하고 M과 N은 반복횟수를 뜻합니다. 기본적으로 합성곱과 ReLu 함수의 조합을 N번 반복한 후 차원을 축소하는 풀링 작업을 진행하는 것이 좋습니다. 좀 더 심층적으로 데이터의 특성을 추출하고 차원을 축소하는 풀링작업을 하면 데이터 손실없이 더 깊이 있는 정보를 탐색할 수 있기 때문이지요. 절차적으로 응용해 보면 입력 데이터의 특성지도를 도출하는 합성곱과 ReLu함수 조합을 두 단계에 걸쳐 탐색[합성곱 → ReLu → 합성곱 → ReLu]한 후 이를 풀링하여 축소하는 작업을 3번 반복합니다. 이후 완전연결 신경망 분석도 사전에 3회에 걸쳐 ReLu함수로 더 깊이 있게 특성의 연결 가중치를 살핀([FC → ReLu] × 3) 후에 최종적인 분류 확률값을 도출하는 절차를 구성할 수 있습니다.

또 하나의 예를 들어 볼까요. 〈그림 2-34〉는 앞서 소개한 르쿤(LeCun, et al., 1998)의 우편코드 필기체인 숫자 이미지 데이터에 대한 분석 알고리즘인 'LeNet'에서 사용한 필터와 풀링절차를 보여

그림 2-34 손글씨 숫자와 LeNet-5(CNN)의 분석절차

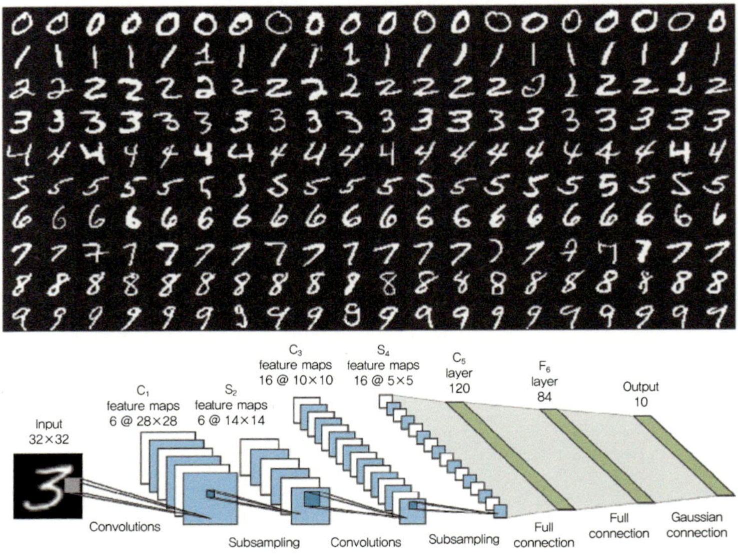

출처: pabloinsente.github.io/the-convolutional-network

주고 있습니다. LeNet의 구조를 보면, [32×32] 크기로 입력한 이미지의 픽셀 행렬 데이터에 대해 [5×5] 필터(convolution filter)를 적용하여, [28×28] 크기를 갖는 6개의 특성지도(feature map)를 생성하고, 이것을 다시 풀링(pooling 또는 sub-sampling)을 거쳐 6개의 [14×14] 크기의 이미지 데이터를 만들어 냈습니다. 다시 이것에 대해 [5×5] 크기의 필터로 합성곱을 하여 총 16개 특성지도(feature map)인 [10×10] 이미지를 도출한 다음, 또 이를 풀링하여 16개의 [5×5] 이미지를 얻은 후 마지막으로 총 120개의 노드를 완전연결 신경망에 투입함으로써 최종적인 10개의 숫자유형을 분류한 모형입니다. 그래서 〈그림 2-34〉의 C1과 C3 단계는 합성곱 필터링으로 얻은 특성지도(C1: 6개의 특성지도, C3: 16개의 특성지도)를 보여줍

그림 2-35 고양이 사진에 대한 합성곱 필터링 증가와 합성곱 지도변화

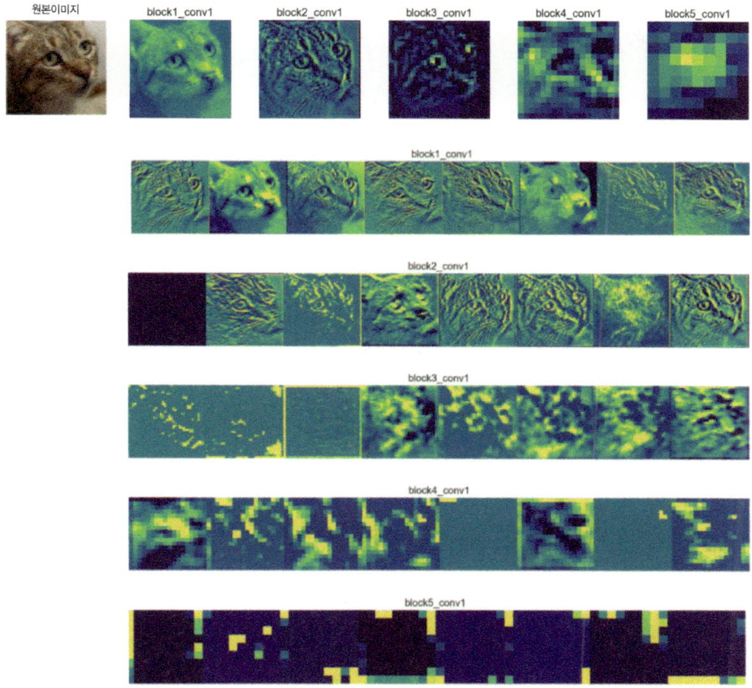

출처: towardsdatascience.com

니다. C1과 C3의 합성곱 필터링 및 S2와 S4의 풀링단계를 거치면서 다양한 이미지 픽셀의 위상배열(topology) 변화를 거의 모두 다 포착할 수 있는 99.3%의 분류 정확도를 자랑한 모형입니다.

CNN이 합성곱 필터(convolution filter)로 만든 특성지도(feature map, convolution layer)와 풀링(pooling)으로 축소한 풀링계층(pooling layer)에서 보면 최초 입력된 이미지 정보들은 과연 어떠한 특성을 담고 있는 모습일까요? 〈그림 2-35〉는 이를 잘 보여주고 있는데요. 실제 고양이 이미지에 대한 CNN 분석과정별로 입력 이미지 데이터의 변화정도를 보여주고 있습니다.

〈그림 2-35〉를 보면 최초 입력한 이미지의 특성을 추출하는 필터링을 계속해 나가면 합성곱 계층에 모아진 특성지도들(stacked feature maps)은 처음의 이미지와 더는 같지 않게 됩니다. 컬러사진의 경우도 빨강, 초록, 파랑(RGB)의 3차원 채널로 표현된 것이 (만약) 20개의 특성 검출기(feature detectors, convolutional filters) 채널로 특성을 추출하면, 이미지 픽셀의 고유한 정보를 담고 있지만 더는 인간이 알아보기 힘든 매우 높은 수준의 추상적인 정보(high-level information)를 품는다는 말입니다. CNN에서 특성지도를 추출하는 단계를 더 깊이 진행하면 원래의 이미지가 어떻게 변화하는지는 각 합성곱 계층에서 특성지도를 하나씩 꺼내어 살펴보면 알 수 있는데요. 실제로 보면 〈그림 2-35〉처럼 단계를 거듭할수록 사진 이미지가 더 추상화하고 있음을 알 수 있습니다. 첫 번째와 두 번째 특성지도(block1_conv1, block2_conv1)에서는 고양이 사진의 색상과 윤곽을 유지하고 있지만 세 번째 특성지도(block3_conv1)를 넘어가면서 고양이 형체를 인식하기 어렵게 됩니다. 이전 단계에서는 단순히 가장자리나 형태만을 탐지했다면 네 번째 특성지도(도(block4_conv1)부터는 좀 더 높은 차원에서 입력 이미지가 고양이의 '코'인지 아니면 개의 '귀'인지를 해독하는 것입니다.

이처럼 더 깊은 합성곱 계층의 특성지도는 이미지 형태에 대한 정보는 적게 포함하고 이미지의 클래스(종류나 유형)를 분류하는 정보를 더 많이 담고 있어서, 단순히 인간의 시각으로 애초 이미지를 알아볼 수 없게 됩니다. 이미지에 대한 특성지도가 더 깊이 특성을 감지해 나가면 갈수록 필터는 전체 이미지가 아니라 지역적인 이미지의 특성을 주목합니다. 첫 번째 합성곱 계층에서는 필터가 좀 더 큰 범위로 특성을 탐지하기 때문에 고양이의 얼굴의 윤곽을 선명히 알 수 있었던 것인데요. 합성곱 계층을 더 깊이 배치해 나가면 고양이의 '코' 같은 지엽적인 특성에 집중하기 때문에 최초 이미지의 많은 부분은 공백으로 처리되어(전체적인 윤곽은 사라짐) 인간이 시각적으로 인지하기 어려운 단계로 간다는 말입니다. 이것은 인간의 뇌가 정보를 처리하는 절차처럼 처음에는 이미지 영상의 일반적인 패턴을 식별하고, 이후 단계(계층)에서는 구체적인 특징을 집중해서 해석하는 것과 유사한 이치입니다.

전체적으로 보면 CNN은 이미지 픽셀 행렬 데이터 분석을 위해 필터링과 풀링이란 방법에 크게 의존적입니다. 이 두 방법으로 데이터의 위상배열(topology) 정보를 담고 있는 상태에서 데이터 크기를 축약하고 전체적인 데이터의 특성지도(feature map)를 추출함으로써 완전연결 신경망의 입력에 필요한 벡터 데이터를 산출하기 때문입니다. 일단 이러한 정보가 산출되면 완전연결 신경망의 연산과정처럼 소프트맥스 함수를 활용하여 입력한 데이터가 어떠한 유형에 속하는지를 확률적으로 분류해 주는 절차를 따르는 것뿐이지요. 따라서 우리가 앞서 배운 인공 신경망이라도 합성곱 계층을 하나라도 갖고 있으면 CNN이라고 할 수 있습니다. CNN은 이미지를 행렬 데이터로 변환하여 입력하고 필터링과 활성화 함수(ReLu)를 통해 특성지도를 추출하고, 또 풀링(Pooling) 작업으로 데이터의 차원을 축소하는 절차를 심층적으로 반복합니다. 이후 완전연결 신경망의 분석과 동일한 절차로 이미지를 분류한다는 것을 보면, 이미지 데이터의 특성추출을 위한 합성곱(convolution)의 중요성을 알 수 있습니다.

2.3 순환 신경망(RNN)

인공지능 알고리즘은 데이터의 유형에 따라 다양한 기법으로 발전해 왔습니다. 앞서는 합성곱(convolution) 개념을 중심으로 '이미지' 데이터를 합성곱 신경망이 어떻게 유형화 하는지를 살펴봤습니다. 이번에는 인공지능이 '시계열적인 데이터'를 어떻게 분석하는지 알아보겠습니다. 컴퓨터가 인간이 사용하는 언어를 이해하고 분석하는 기술을 '자연어 처리(NLP: Natural Language Processing)'라고 하는데요. 이번에서는 자연어 처리를 포함해 순차적 데이터의 속성을 고려하여 고차원적인 분석을 할 수 있는 RNN (RNN: Recurrent Neural Networks)과 LSTM(LSTM: Long Short-Term Memory)에 관해 알아보겠습니다.

(1) RNN(RNN: Recurrent Neural Networks)

RNN(Recurrent Neural Networks)은 '순환하는(recurrent)' 개념을 적용한 인공 신경망(Neural Networks)입니다. CNN이 'convolution'을 적용한 알고리즘이었다면 RNN은 'recurrent'가 핵심이란 말입니다. 사전적으로 'recurrent'는 '되풀이되는', '반복되는', '재발하는' 뜻이 있어서 우리말로는 '순환 신경망'이라고도 합니다. RNN은 인공 신경망의 한 종류이지만 분석과정에 시간적 순차성에 의존적인 데이터(sequential data)를 잘 다룰 수 있습니다. 입력된 정보를 분석과정에서 이전에 쌓였던 정보를 끊임없이 순차적으로 갱신하여 분석에 반영하는 구조를 가집니다. 예를 들면 앞뒤 맥락을 고려하여 사람들의 대화를 통역하거나 해설해 주는 데 유용하단 말입니다. RNN은 Vanilla RNN 또는 Simple RNN이라고도 합니다. 가장 기본적인 아이스크림 맛이 바닐라이기 때문에 RNN의 단순한(simple) 형태를 바닐라 RNN이라고 합니다.

RNN에 대해 살펴보기 전에 시퀀스모형(순차배열모형: Sequence model)을 좀 살펴보겠습니다. 거칠게 말하면 시퀀스모형은 데이터의 연속적인 배열을 입력하고 또 출력하는 모형을 말하기 때문에 RNN도 이에 속합니다. 연속적인 데이터를 분석하는 시퀀스모형은 음성인식(Speech Recognition), 감성분류(Sentiment Classification), 비디오 활동인식(Video Activity Recognition) 등에 유용합니다. 구체적으로 시퀀스분석으로 사람의 음성을 분석한다는 것은 사람이 연속적으로 말하는 오디오 데이터를 순차적인 텍스트 형태로 변환하는 것을 말합니다. 감성분석은 또 사람들이 뉴스기사 댓글, 소셜미디어 포스팅, 영화 감상평으로 입력한 댓글을 정서적인 유형으로 범주화하는 것을 말합니다. 비디오 활동인식은 연속적인 동영상 입력 데이터를 살피면서 영상물 내에서 어떤 주체가 활동하고 있는지 분석해주는 것을 말합니다. 이처럼 시퀀스분석은 대부분 입력과 출력값이 연속적인 배열형태를 띠지만 입력층 또는

그림 2-36 시퀀스 유형별 RNN 분석개념도

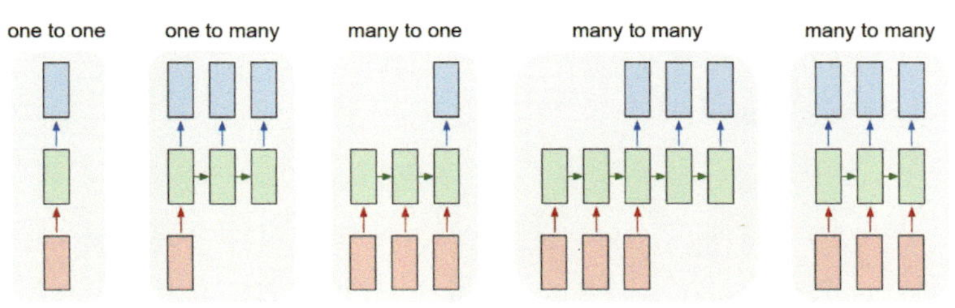

출처: karpathy.github.io/2015/05/21/rnn-effectiveness

출력층에만 시퀀스형태를 띠기도 합니다.

시퀀스모형은 〈그림 2-36〉처럼 순차적인 입력과 출력의 배열에 따라 5가지 유형으로 나눌 수 있습니다. 첫 번째(One to One) 시퀀스는 RNN없이 진행되는 형태인데요. 가장 기본적인 입력과 출력 단계가 일대일로 단순 지정된 경우입니다. 앞서 배운 CNN분석처럼 1개의 이미지 입력과 1개의 결과 출력과 같은 분류 시퀀스이지요. 두 번째(One-to-Many) 시퀀스는 입력된 이미지를 캡처하여 단어문장을 출력하는 데 유용합니다(예, Image Captioning), 세 번째(Many-to-One) 시퀀스는 입력문장을 긍정이나 부정 등의 감정으로 분류해 주는 데 유용합니다(예, Sentiment Classification). 네 번째(Many-to-Many) 유형은 연속적인 입력값을 분석하여 순차적으로 출력해 주는 통역이나 번역에 적절합니다(예, Machine Translation). 다섯 번째(Many-to-Many) 유형은 동기화한(synchronized) 시퀀스형태의 입력과 출력을 제공하기 때문에 입력 영상 프레임별로 라벨을 부착하고 분류하는 데 적절합니다(예, Video Classification on frame level). 이처럼 RNN은 시간적인 흐름에 따라 입력한 텍스트데이터의 의미를 예측하는 언어모형(language model) 또는 미시적인 문자차원의 언어모형(Character-level Language Model)이라고 할 수 있습니다. 또한, RNN은 시간적인 흐름에 따라 데이터를 순차적으로 분석할 수 있는 딥러닝 알고리즘입니다. 인공 신경망의 한 유형이자 시퀀스형태를 띤 RNN은 자연어 처리(NLP: Natural Language Processing)분석에 강점이 있습니다. 텍스트나 오디오 등 비정형 데이터 형태의 입력정보가 가진 연속성과 순차성을 기억함으로써 그 다음에 등장할 데이터에 어떠한 의미가 있는지를 예측하는 시계열(time series) 분석에 활용도가 크기 때문입니다.

그러면 RNN의 가장 기본적인 구조를 살펴볼까요. 〈그림 2-37〉

그림 2-37 인공 신경망(ANN)과 순환 신경망(RNN) 구조 비교

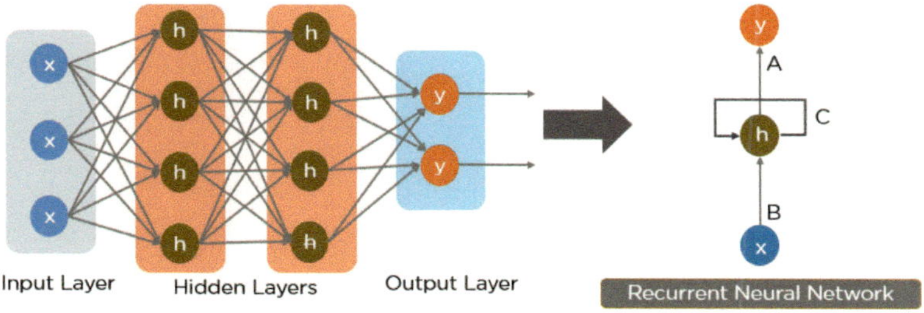

출처: simplilearn.com/tutorials/deep-learning-tutorial/rnn

은 앞서 살펴본 인공 신경망(ANN)과 순환 신경망(RNN)의 구조적 차이를 보여주고 있습니다. 두 신경망 모두 입력(x) → 은닉(h) → 출력(y)계층 구성은 같습니다. 하지만 RNN에서는 입력 → 은닉 → 출력 계층의 모든 노드가 하나의 노드로 축약하고 있습니다. 또한, 입력단계에서 은닉층으로 가는 B, 은닉층에서 출력층으로 가는 연결망 매개변수(parameter) A가 있고, 은닉계층 자체에 재귀적(연속적, recurrent) 파라미터인 C가 존재합니다.

시퀀스(sequence)가 있다는 의미는 시계열적 흐름에 따라 정보를

그림 2-38 RNN의 시퀀스 구조와 시점(t)의 h(t)함수식

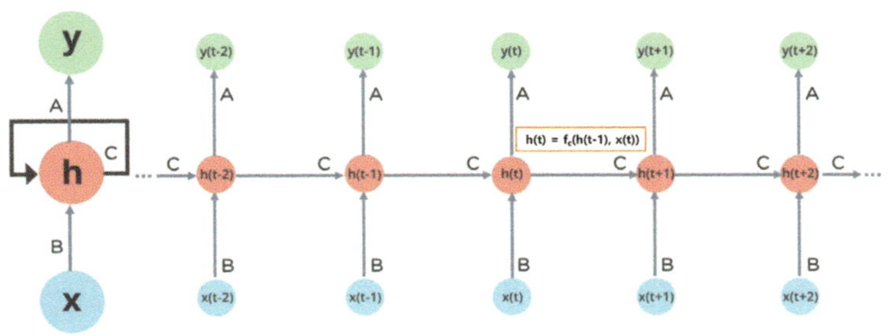

출처: simplilearn.com/tutorials/deep-learning-tutorial/rnn

입력하고 출력한다는 말입니다. 〈그림 2-38〉과 같이 RNN은 특정 시점(time)에서 이전에 들어온 정보의 값이 중요합니다. 상식적으로 어떠한 대화가 이뤄지고 그 맥락에서 의미를 파악하고자 한다면, 시간적 흐름(sequence)에 따라 어떠한 한 시점(t)의 입력정보(말, 문장, 텍스트 등) 해석은 바로 직전시간(t−1)의 맥락을 고려해야 하는 것과 같습니다. 여기서 중요한 개념이 나옵니다. 바로 직전에 입력된 정보를 저장하거나 기억하고 있는 단계를 은닉상태(hidden state)라고 합니다. 그래서 어떠한 시점(t)에서 입력한 값(x)은 이전 시간의 은닉상태의 값[h(t−1)]을 함수[$h(t)=f_c(h(t-1), x(t))$]로 예측할 수 있습니다.

〈그림 2-39〉는 활성화 함수(f_c)를 tanh로 투입한 특정 시점(x)에서 은닉층의 값(h_t)과 결과값(y_t)에 대한 RNN 계산식을 보여주고 있습니다. 은닉층의 ht는 tanh 함수계산으로 나타낼 수 있는데요. 특정 시점의 입력값(x)에 대한 예측값(y)을 출력하는 동시에 다음 단계의 입력값에 맥락적 정보, 즉 은닉상태(hidden state)의 값을 투입하여 시계열적인 데이터의 속성을 보존하고 있습니다. 이

그림 2-39 **RNN 구조와 시점(t)의 은닉상태(h_t)와 결과값(y_t) 계산식**

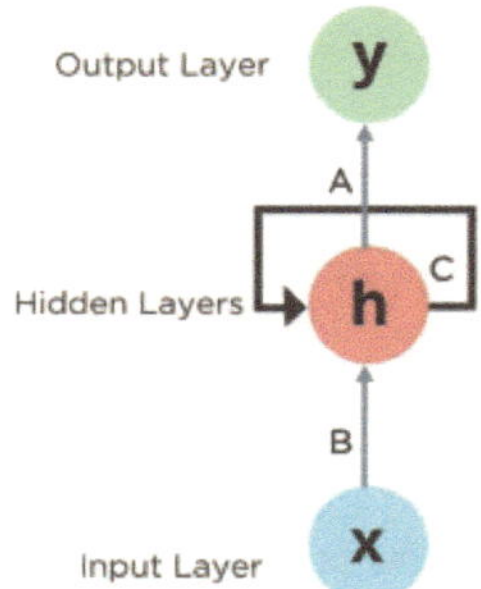

$$h_t = f_w(h_{t-1}, x_t)$$
$$\Downarrow$$
$$h_t = \tanh(w_{hh}h_{t-1}, w_{xh}x_t)$$
$$y_t = w_{hy}h_t$$

출처: simplilearn.com/tutorials/deep-learning-tutorial/rnn

렇듯 RNN은 단순한 인공 신경망에서 다루지 못했던 순차적인 데이터를 분석할 수 있습니다. 다시 말해 완전연결 인공 신경망에서는 데이터의 순차성을 고려하지 못하고 단지 현재 입력된 데이터만 처리할 수 있지만, RNN은 입력된 데이터를 분석하는 데 있어서 이전 상태(h_{t-1})의 정보를 고려함으로써 순차적인 특성을 갖는 데이터를 분석할 수 있습니다.

그림 2-40 영어단어 품사분류(POS tagging)와 시퀀스(google, work 단어 사례)

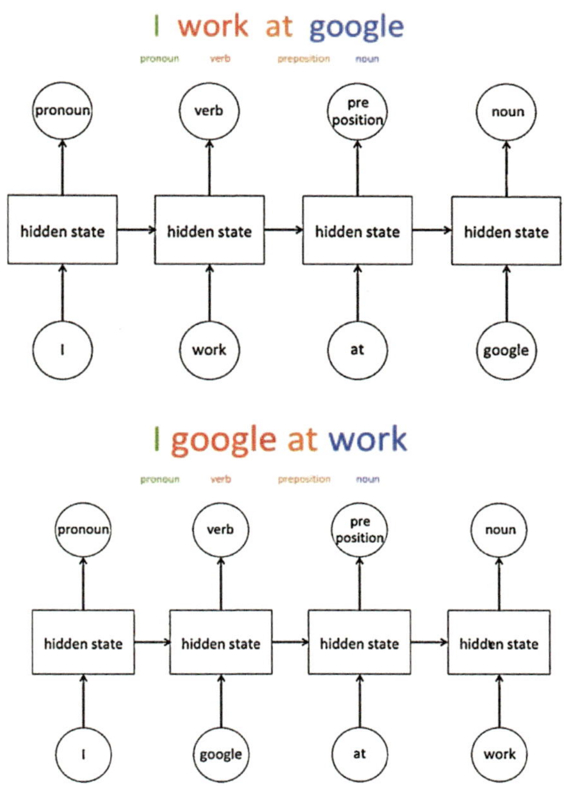

출처: youtube.com/watch?v=PahF2hZM6cs

예를 들어 살펴보겠습니다. RNN이 영어단어의 8가지 품사(명사: noun, 대명사: pronoun, 동사: verb, 형용사: adjective, 부사: adverb, 전치사: preposition, 접속사: conjunction, 감탄사: interjection)를 어떻게 분류(POS(Part of Speech) tagging)하는지를 'I google at work' 문장의 예를 들어서 알아보겠습니다.

〈그림 2-40〉처럼 'I google at work'이란 문장에서 품사를 분석한다고 하면, 우리 인간은 직관적으로 'I'라는 대명사 다음에 동사가 오기 때문에 'google'이란 단어는 '구글로 검색한다'는 동사(verb)임을 알 수 있습니다. 또한 'I work at google'이라는 문장을 보면 'google'은 전치사(at) 다음에 왔기 때문에 장소를 의미하는 명사(noun)임을 이해할 수 있습니다. 'work' 또한 주어진 문장의 앞뒤 단어의 품사가 무엇인지에 따라 명사가 되기도 하고 동사가 되기도 합니다. 이렇듯 'goole', 'work'와 같은 단어들의 품사는 주어진 문장구조의 순차적인 흐름에 따라 의미가 달라집니다. 즉 앞뒤 단어들이 문맥상 어떠한 의미로 배열(sequence)되어 있는가를 살펴서 'google', 'work'의 품사를 추론해야 합니다. 이처럼 RNN은 입력된 단어들의 순차적인 배열속성(맥락)을 고려하여 특정 단어의 특성(품사)을 결과값으로 예측하는 모형입니다.

〈그림 2-41〉은 RNN이 단어품사를 분류하는 과정을 설명해 주고 있습니다. 구체적으로 RNN의 품사분류 체계도는 은닉상태(hidden state)를 h로 표시하고 입력값을 x로, 출력을 y, 그리고 입력(x)에서 은닉상태(h)로 가는 w_{xh}가 있고 이전 단계의 은닉상태에서 w_{hh}인 2가지 가중치를 반영하고 있습니다. 단어 'google'인 x2의 위치에서 보면 x2 입력값과 가중치의 곱인 '$w_{xh}x_2$'이고, 앞선 은닉상태(h-1)에서 현재의 은닉상태(h)로 연결된 가중치 w_{hh}이 곱인 '$w_{hh}h_{t-1}$'입니다. 이렇게 $w_{xh}x_2$와 $w_{hh}h_{t-1}$를 더함(⊕)으로써 현재의

그림 2-41 RNN의 영어단어 품사분류(POS tagging) 체계도(google 단어 사례)

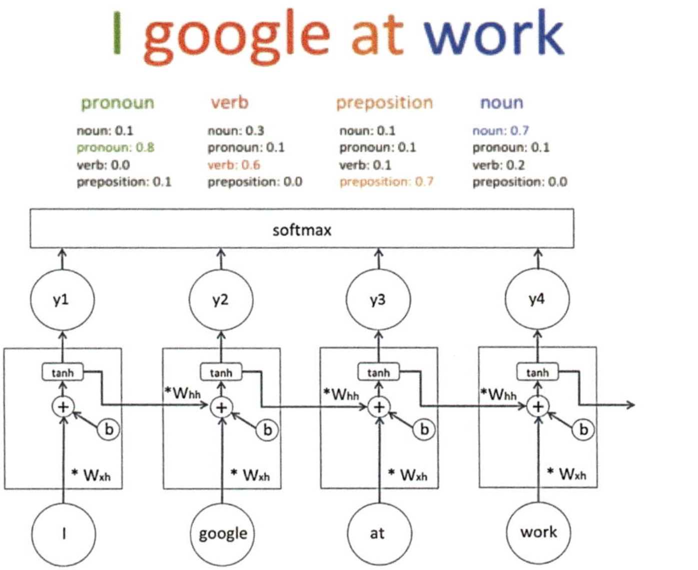

출처: youtube.com/watch?v=PahF2hZM6cs

입력 x2와 은닉상태를 함께 고려하여 결과값을 예측하는 과정을 거칩니다.

구체적으로 〈그림 2-41〉은 'google' 단어가 명사와 동사 중 동사로 쓰이는 맥락을 RNN모형에 대입한 것입니다. 왼쪽 셀의 'google'은 대명사 'I' 다음에 오기 때문에 은닉상태(hidden state: 품사의 위치에 대한 학습 가중치, 대명사 다음 동사위치 등)의 순차적 배열 가중치에 영향을 받아 품사를 동사로 분류(60%)한 것이고, 'I goolge at' 다음에 있는 'work' 또한 앞선 단계에서 순차적으로 연결된 가중치(은닉상태)를 고려해서 명사로 분류'(70%)한 것입니다. 즉 RNN의 최종적인 단계는 소프트맥스(softmax) 함수를 반영하여 입력한 값이 확률적으로 어디에 속하는지를 예측하는데요. 〈그림 2-41〉에서 총 4개의 단어가 있으니까 이들의 합은 '1'(100%)이라고 하면 'I'가 대명사(pronoun)일 확률은 80%이고, 'google'이 동사(verb)일 확률은 60%, 'at'이 전치사(preposition)일 확률은 70%, 'work'가 명사일 확률 또한 '70%'로 예측한 것입니다.

순차적인 정보의 흐름을 고려하여 단어의 품사를 찾아내는 RNN의 학습과정은 우리가 앞서 살펴본 오류 역전파(backpropagation bias)와 같은 원리로 작동합니다. 구체적으로 〈그림 2-42〉가 제시하고 있는 바와 같이 실제값(target)에서 예측값의 차이를 줄여나가는 과정에서 RNN 계산식의 두 가지 가중치인 'w_{xh}'와 'w_{hh}', 그리고 절편값인 'b'를 계속 업그레이드 합니다. 앞서 공부했던 경사 하강법과 같은 최적화 기법을 적용하는 것이지요. 다만 〈그림 2-42〉처럼 분석한 문장에는 입력값이 4개이지만(I, google, at, work), RNN 계산식의 입력변수는 'x' 하나입니다. 마찬가지로 x에서 은닉상태

그림 2-42 RNN의 영어단어 품사분류(POS tagging)와 BPTT

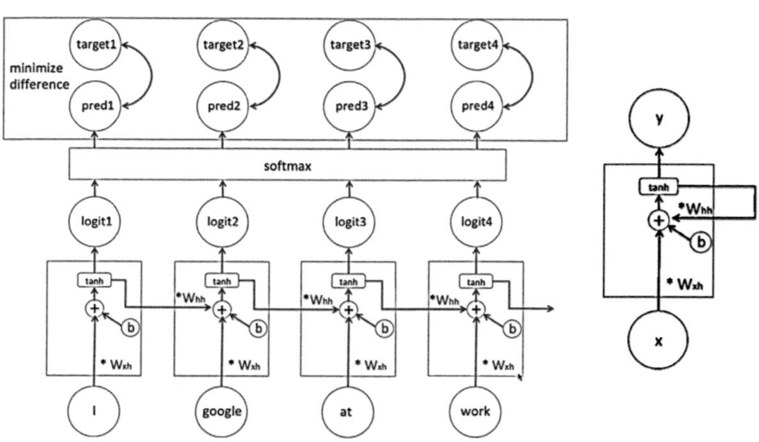

출처: youtube.com/watch?v=PahF2hZM6cs

로 가는 w_{xh}도 하나의 변수이고, 이전 단계서 투입되는 w_{hh}도 하나의 변수입니다. 절편값 'b'도 한 개입니다. 다시 말해 입력 'x'에 여러 변수가 아니라 하나의 변수(x)로서 시간적 흐름(시퀀스)에 따라 변수값을 입력받아 분석하기 때문에 오류 역전파라고 하지 않고 시간적 흐름을 고려한 역전파인 'backpropagation through time(BPTT)'이라고 합니다. 이렇게 BPTT를 통해서 오류를 줄여나가는 과정은 RNN이 학습(learning)하는 과정입니다. 결국 은닉상태(h), 결과값(y)들은 모두 각각 하나의 변수이므로 현재(h)의 은닉상태를 기준으로 하나의 공식으로 표현하면 아래와 같습니다.

$$h_t = \tanh(w_{xh}x_t + w_{hh}h_{t-1} + b)$$

(2) LSTM(LSTM: Long Short-Term Memory)

RNN은 현재의 상태에서 입력한 값을 시간적 맥락을 고려하여 분석하기 위해 바로 이전 단계의 상태, 즉 순차적인 흐름에 따라 앞서 분석한 결과를 반영한다고 했습니다. 가장 기본적인 바닐라 RNN은 낮은 수준의 시계열 데이터인 현재의 자료를 고려한 분석에는 유용합니다. 이것은 단점으로 작용하는데요. RNN은 비교적 짧은 시퀀스 구조에서만 효과적이란 말입니다. RNN은 시계열적인 입력 데이터들이 길어지면 길어질수록 앞선 단계들에서 고려해야 할 정보들을 충분히 반영하지 못하고 소실하는 문제점을 가지고 있습니다. 순차적 혹은 시퀀스의 시간적 단계(time step)가 깊어 질수록 앞선 단계들의 정보량이 손실되는 문제로 인해 전체적인 맥락을 고려한 시퀀스분석이 어려워집니다. 이렇듯 RNN은 모델의 깊이가 더 심층적이면 BPTT(backpropagation through time)의 가중치(기울기) 값이 신경망을 통과할 때마다 소실(Gradient Vanishing)되는 문제를 가지고 있습니다. 반대로 가까운 거리의 데이터에 대해서는 또 가중치의 기울기가 반대로 급격하게 커져서 분석의 적합도를 저해하기도 합니다. 따라서 RNN은 시계열적인 데이터를 좀 길게 기억하여 분석에 활용(Long-Term Dependency)하는데 한계가 있습니다.

이러한 문제는 단기상태와 장기상태의 메모리를 함께 고려한 LSTMs(Long Short Term Memory networks)로 해결되었습니다. 호크라이터와 슈미드허버(Hochreiter & Schmidhuber, 1997)가 고안한 LSTM은 우리말로 '장단기-기억 연결망'이라고 번역할 수 있겠네요. 직관적으로 알 수 있듯이 LSTM은 시퀀스분석에서 장기기억과 단기기억을 활용하는 신경망입니다. 인간은 어떤 대상을 판단할 때 오랫동안 기억하고 있는 내용과 현재의 내용을 비교해가며 정보를 처리합니다. 무언인가 오래된 기억을 하고 있다는 것은 지금 당장 노력한다고 얻어지는 것은 아니지요. 무엇인가 오래된 장기기억을 저장하고 있는 공간이나 상태를 활용하듯 LSTM도 Cell-state란 상태를 활용합니다. 즉 RNN의 은닉상태(hidden state)가 단기기억을 제공해 준다면 LSTM은 장기기억을 고려할 수 있는 특별한 변수, 즉 셀상태(cell-sate)를 반영함으로써 Long-Term Dependency 문제를 해결했습니다. 인간이 과거에 반복적인 정보처리행동의 결과로 얻은 장기기억이 있는 것처럼, LSTM은 장기기억(Long Term Memory) 상태와 현재 입력받은 정보의 상태(Short Term Memory)를 함께 고려함으로써 순차적으로 입력정보를 분석한다는 논리입니다.

〈그림 2-43〉은 단순한 RNN과 LSTM 모형을 보여주고 있습니다. LSTM은 기존의 RNN에 있던 은닉상태(hidden state) 이외에 장

그림 2-43 RNN(위)과 LSTMs(아래) 모형 비교

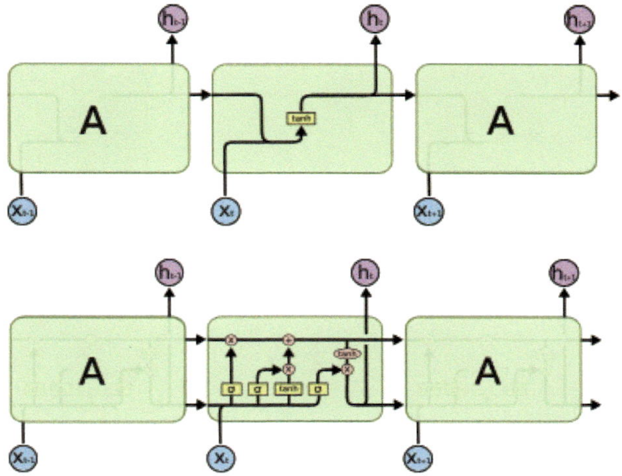

출처: colah.github.io/posts/2015-08-Understanding-LSTMs

기기억 상태(cell-state, 또는 cell memory)를 컨베이어 벨트처럼 병렬해서 분석단계마다 활용한다는 시계열적인 개념을 도식화해 주고 있습니다.

〈그림 2-44〉는 LSTM 모형을 좀 구체적으로 나타내주고 있습니다. LSTM에서는 은닉상태(h) 뿐만 아니라 도표상단에 수평적으로 지나가고 있는 셀상태(C_t: cell state)가 있습니다. 이 셀상태가 앞서 말한 장기기억의 문제를 해결해 주는 키입니다. LSTMs의 핵심은 바로 은닉상태 뿐만 아니라 셀상태가 장기정보를 손실없이 계속해서 전달해 줄 수 있는 장기기억(long term memory) 상태에 달려 있기 때문입니다. 장기기억 정보가 마치 컨베이어 벨트처럼 전체 분석과정에 연이어 흘러가면서, 순차적으로 들어오는 입력정보들을 해석하는 데 도움을 주는 것입니다. 재미있는 것은 LSTM이 현재 입력된 정보를 분석하는 데 장기기억이 필요하면 현재 입력값

그림 2-44 LSTM 모형의 Cell-sate (C_t)

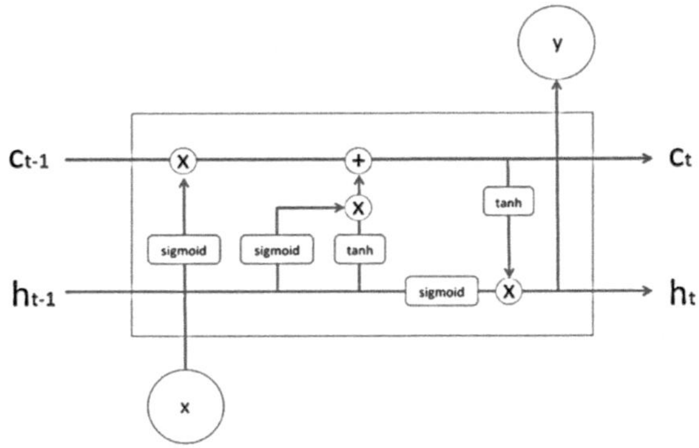

출처: youtube.com/watch?v=bX6GLbpw-A4

(x)을 분석에 활용하고 때로는 필요가 없으면 없애버리듯 하는 게이트들(gates)이 존재합니다. 〈그림 2-44〉에서 ⊗표시가 세군데 있지요? LSTM에서는 망각, 추가, 출력 등 총 세 개의 게이트가 셀상태를 관장합니다. 사실 LSTM은 이러한 세 가지 게이트를 이해하는 것이 중요합니다. 하나씩 알아보겠습니다.

〈그림 2-45〉는 LSTM 모형의 첫 번째 게이트인 망각 게이트(forget gate)입니다. 예를 들어 입력 데이터 'Kim'이란 고유명사를 받아서 이와 관련한 문장을 분석한다고 하면, 이전 문장에 있었던 "Kim is..."이란 고유명사에서 Kim이 누구인지를 기억하고 있어야겠지요. 그렇게 앞선 맥락에서 'Kim'이란 데이터에 대한 정보가 셀상태(cell state)에 축적되는 것입니다. 이를 토대로 현재 입력(x)한 데이터 'Kim'을 분석하는 데 있어서 장기기억 장소인 셀상태(C_t)에 있는 "Kim"이란 데이터를 어느 정도 망각해야(혹은 기억하고 있어야) 하는지를 조절하는 시그모이드 함수가 첫 번째 관문, 즉 망각 게이트입니다. 이 게이트에서 시그모이드 함수값이 '0'이면

그림 2-45 LSTM 모형의 첫 번째 망각 게이트(forget gate)

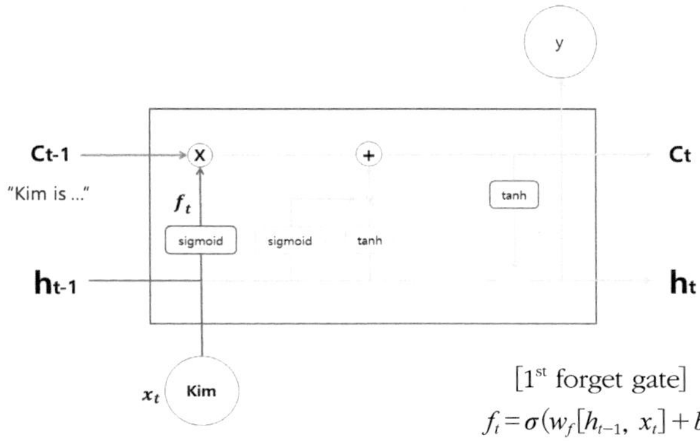

[1st forget gate]
$f_t = \sigma(w_f[h_{t-1},\ x_t] + b)$

[Cell-state]
$C_t = f_t \cdot C_{t-1}$

출처: youtube.com/watch?v=bX6GLbpw-A4 (재구성)

장기기억하고 있는 'Kim'에 대한 정보는 모두 잊어 버리라는 의미이고 '1'이면 반대로 모두 기억하고 있으라는 신호입니다. 따라서 망각 게이트는 현재 입력 데이터를 분석하는 데 있어서 앞선 셀상태의 정보를 얼마나 망각해야 할지를 결정합니다. 역으로 또 얼마나 기억하고 활용해야 하는지를 의미하기도 합니다. 이를 수학계산식으로 표현하면 $f_t = \sigma(w_f[h_{t-1},\ x_t] + b)$와 같습니다.

〈그림 2-46〉은 LSTM의 두 번째 게이트인 추가 게이트(add gate)를 보여주고 있습니다. 추가 게이트는 현재 입력받은 'x_t'를 어느 정도 새롭게 기억해야 하는지를 결정하는 함수입니다. 이 과정은 두 단계로 나눠볼 수 있는데요. 우선 입력값을 어느 정도 셀상태(장기기억)에 업데이트해야 하는지를 시그모이드 함수로 계산($i_t = \sigma(w_i[h_{t-1},\ x_t] + b)$하고, 동시에 새롭게 셀상태에 추가할 후보(candidate values)를 ($\tilde{C}_t = \tanh(w_c[h_{t-1},\ x_t] + b)$식의 tanh함수로 계

그림 2-46 LSTMs 모형의 두 번째 추가 게이트(add gate)

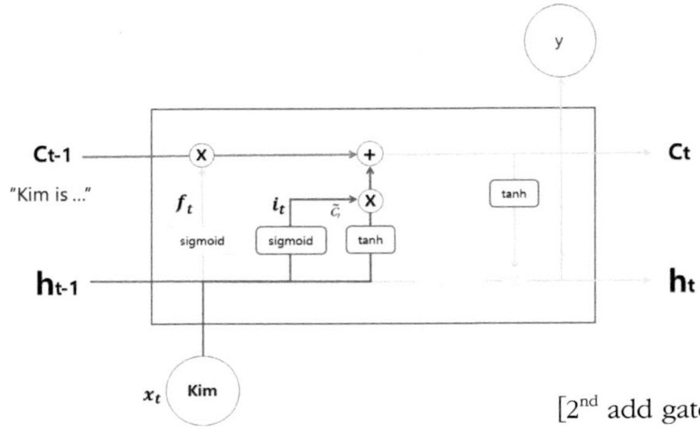

[2nd add gate]

$$= i_t \cdot \widetilde{C}_t$$

$$i_t = \sigma(w_i[h_{t-1},\ x_t] + b)$$

$$\widetilde{C}_t = \tanh(w_c[h_{t-1},\ x_t] + b)$$

[Cell-state]

$$C_t = f_t \cdot C_{t-1} + i_t \cdot \widetilde{C}_t$$

출처: youtube.com/watch?v=bX6GLbpw-A4 (재구성)

산해 냅니다. 그런 후에 두 개의 함수식을 곱함으로써 어느 정도 셀상태를 앞으로 더 추가해야 하는지를 최종적으로 결정합니다($i_t \cdot \widetilde{C}_t$). 따라서 두 번째 게이트인 add gate를 지나게 되면 수평적으로 움직이는 컨베이어 벨트인 셀상태는 바로 직전의 셀상태(C_{t-1})에서 새로운 셀상태(C_t)로 업데이트 하게 됩니다. 업데이트 된 셀상태는 첫 번째 게이트에서 어느 정도 기존 정보를 망각해야 하는지를 나타내주는 시그모이드 함수($f_t \cdot C_{t-1}$) 계산한 값과 반대로 두 번째 게이트의 셀상태에 어느 메모리(기억)를 새롭게 업데이트 해야 하는지를 나타내는 시그모이드 및 tanh함수의 곱셈 계산식($i_t \cdot \widetilde{C}_t$) 결과를 합한 것이지요. 즉 $C_t = f_t \cdot C_{t-1} + i_t \cdot \widetilde{C}_t$ 상태가 새롭게 갱신된 셀상태(C_t)입니다.

그림 2-47 LSTMs 모형의 세 번째 출력게이트(output gate)

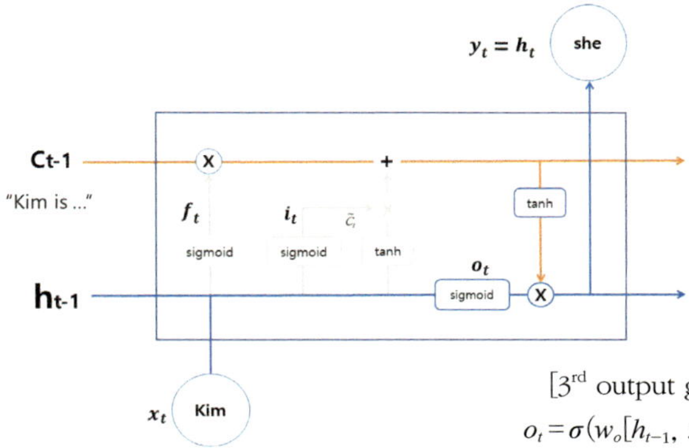

[3rd output gate]

$$o_t = \sigma(w_o[h_{t-1},\ x_t] + b)$$

$$h_t = o_t \cdot \tanh(C_t)$$

[Cell-state]

$$C_t \Rightarrow C_{t-1}$$

출처: youtube.com/watch?v=bX6GLbpw-A4 (재구성)

〈그림 2-47〉처럼 LSTM의 세 번째 게이트는 출력 게이트(output gate)입니다. 출력 게이트는 LSTM 분석 결과물에 대한 산출수준을 결정하는 역할을 합니다. 〈그림 2-47〉처럼 입력(x_t)에 대한 출력(y_t)은 앞선 은닉상태(h_{t-1})와 업데이트 셀상태(C_t)를 고려해서 (필터링) 도출해야 하는데요. 이를 위해서 현재 입력한 값(x_t)은 이전 단계의 은닉상태(h_{t-1})값과 시그모이드 활성화 함수로 계산 [$o_t = \sigma(w_o[h_{t-1},\ x_t] + b)$]한 값과 새롭게 업데이트한 셀상태($C_t$)를 활성화 함수(tanh)로 계산[$\tanh(C_t)$]한 값과 출력($y_t$)값을 서로 곱함으로써 어느 정도 산출해야 할지 결정합니다. 따라서 단기기억에 해당하는 은닉상태(h_{t-1})와 전체 큰 맥락에서 장기적으로 기억하는 셀상태(C_t)를 모두 고려한 상태에서 결과값(y_t)을 얻게 되는 것이지요. 여기서 현재의 시점에서 출력한 값(y_t)은 다음 단계의 단기

그림 2-48 LSTMs 모형의 Uninterrupted Gradient Flow 개념도

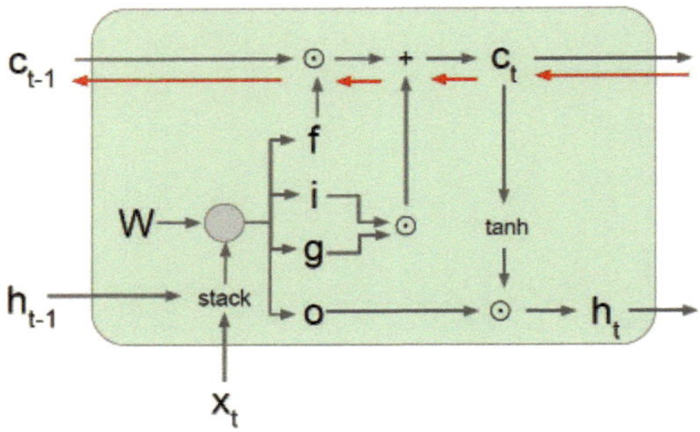

출처: Li, et al. 2017

적 은닉상태(h_t)의 값으로 또다시 순차적인 역할을 하므로 이 두 값은 서로 같습니다($y_t = h_t$). 이렇게 현재 업데이트된 셀상태(C_t)는 다음 단계로 넘어가면서 전체적인 장기기억 상태정보를 나타내주는 셀상태(C_{t-1}) 역할을 함으로써 긴 호흡의 시계열 분석을 가능하게 합니다.

앞서 이야기한 바닐라 RNN이 BPTT(backpropagation through time)로 오류를 바로 잡아갈 때 발생하는 가중치(w) 소실(Gradient Vanishing) 문제를 LSTM이 어떻게 대응했는지 살펴보고 마무리 하겠습니다. 단순 RNN은 장기적인 기억정보를 활용하는 데 어려움이 있다고 했는데요. 〈그림 2-48〉을 살펴보면, LSTM은 이러한 문제를 극복하고 있음을 알 수 있습니다. LSTM에서 셀상태의 오류 수정(backpropagation)을 진행하면($C_t \rightarrow C_{t-1}$), 단지 첫 번째 게이트에서 나온 (f_t)에 대한 곱셈(×)과 두 번째 게이트에서 나온 더하기(+) 연산만 있을 뿐, 그 어디에도 가중치(w) 행렬에 대한 연산이 존재하지 않습니다. 이 말은 아주 깊은 단계의 순차적인 시계열 정보에 대한 오류를 교정(BPTT)하는 단계가 있더라도 셀상태

(C_t)의 정보를 소실하지 않고 계속해서 보존한다는 말입니다. 즉 LSTM은 BTT를 진행하더라도 가중치의 경사값을 손실하지 않는 특성(uninterrupted gradient flow)을 가지고 있습니다. 결국 LSTM은 단순한 RNN과 달리 장기적인 맥락과 단기적인 정보를 모두 고려하여 순환하는(recurrent) 입력정보를 입체적으로 분석하는 데 유용한 알고리즘입니다.

2.4 생성적 대립 신경망(GAN)

생성적 대립 신경망(GAN: Generative Adversarial Network)은 의미 그대로 생성자와 식별자가 서로 경쟁 혹은 대립(Adversarial)하며 데이터를 생성(Generative)하는 네트워크를 말합니다. 먼저 생성(generative) 네트워크 혹은 모형이란 말은 '실존하지 않지만 있을 법한 이미지를 생성할 수 있는 모형'을 말합니다(an image that does not exist but is likely to exist). 생성모형은 이미지, 자연어 등 다양한 형태를 모두 아우릅니다. 반면 판별모형(discriminative model)은 어떠한 데이터의 경계를 구별해 주는 모형입니다. GAN은 서로 다른 기능을 하는 생성과 판별모형을 합친 형태입니다. 생성모형이 이 세상에 있을법 하지만 뭔가 좀 색다른 것을 만들어내면(하나의 통계적 확률분포 선상에서 그럴싸한 데이터를 생성해 주면) 판별모형은 생성모형이 만들어 낸 새로운 데이터의 진위를 대립적으로 평가합니다. 생성과 판별모형이 서로 경쟁적으로 성능을 극대화하는 것이 GAN의 핵심입니다.

그림 2-49 BuzzFeedVideo가 공개한 오바마 전(前) 미국 대통령의 딥페이크 영상

출처: youtube.com/watch?v=cQ54GDm1eL0

GAN 기술의 예는 2018년 4월 17일, BuzzFeed가 공개한 미국의 전 대통령인 오바마(Obama)의 가짜 동영상이 대표적입니다. 〈그림 2-49〉는 GAN을 토대로 한 오바마 대통령의 얼굴모습과 표정, 발음, 제스처를 합성해 주는 딥페이크(Deepfake) 기술을 이용했습니다. 이 딥페이크 영상에는 오바마 전 대통령이 비속어를 사용하고 트럼프 미국 대통령을 거침없이 모욕하는 영상이 나오는데요. 예를 들면 딥페이크 영상속에서 오바마 대통령은 "President Trump is a total and complete dipshit(트럼프 대통령은 완전히 쓸모없는 인간이야)"라고 말합니다. 오바마 대통령의 얼굴과 표정, 제스처가 모두 실제 오바마와 거의 같은데 말하는 내용만 다른 것이지요. 하지만 이것은 사실 배우이자 영화감독인 조던 필(Jordan Haworth Peele)의 말을 딥페이크 기술로 오바마 대통령의 이미지에 덧입힌 것입니다.

딥페이크(Deepfake)는 '딥러닝(deep learning)'과 가짜를 의미하는 '페이크(fake)'를 결합한 합성어인데요. 인공지능을 기반으로 원본

영상에 다른 영상을 중첩하거나 결합하여 원본과 거의 같거나 그럴싸한 가공의 이미지와 소리를 만들어내는 기술을 뜻합니다. 또한, 딥페이크는 실제 존재하는 원본 이미지를 추출 · 학습 · 생성하여 가상 이미지를 만들어내는 인공지능 알고리즘인 GAN에 토대를 둔 기술입니다.

GAN은 생성모형과 판별모형이 서로 힘이 균형을 맞추는 지점, 혹은 창과 방패처럼 생성모형은 진짜가 아니지만, 진짜와 거의 유사한 이미지를 만들어내도록 학습을 하고, 판별모형은 생성모형이 만든 데이터의 진위를 판가름하는 정확도를 높이는 방향으로 학습을 합니다. 이 두 모형이 균형을 이뤘을 때(50 : 50), 즉 실제 데이터와 아주 근사한 가짜 데이터를 만들어 낼 수 있는 최적의 모형을 도출하는 것이 생성모형의 목표입니다.

2014년에 굿펠로와 동료들(Goodfellow, et al, 2014)이 발표한 'Generative Adversarial Nets' 논문을 통해 널리 알려진 GAN은 생성자와 판별자가 서로 대립하며(adversarial) 서로의 성능을 점차 개선해 나가는 쪽으로 학습한다는 것이 주요 개념입니다. 이 논문에 발표되자 CNN 개념을 창시한 르쿤(Yann Lecun) 교수는 'GAN은 지난 10년간 머신러닝 분야에서 가장 흥미로운 아이디어다' 라고 극찬하기도 했습니다. 그만큼 개념적으로 참신한 아이디어를 담고 있는 딥러닝 유형 중의 하나입니다. 과거 단일 생성모형으로 만들어낸 데이터들이 만족스럽지 못했는데, 판별자 역할을 하는 모형을 추가하여 서로 경쟁하게 함으로써 상당히 유사도가 높은 데이터를 만들어 낼 수 있었기 때문입니다.

굿펠로와 동료들(Goodfellow, et al, 2014)이 제안한 대립적 네트워크의 기본 틀(adversarial nets framework)은 생각보다 간단합니다. 생성모형(generative model)은 판별모형(discriminative model)과 서로

대립적인 관계로 성능을 높이도록 학습하는 게 핵심이지요. 생성모형은 실제 데이터 샘플에 약간의 노이즈(noize)를 반영하여 실제 데이터와 비슷하지만 새로운 형태의 데이터 분포를 만들어내도록 하고, 판별모형은 생성모형이 만든 데이터가 실제 데이터인지 아니면 생성모형이 자체적으로 만들어낸 데이터인지를 판가름하도록 학습합니다. 생성모형은 마치 위조지폐를 만드는 팀이고, 판별모형은 위조지폐 여부를 탐지하는 경찰과 같은 역할을 한 것이죠. GAN은 생성과 판별모형이 서로 게임을 하듯 자신들의 성능을 무한대로 높여나가서 최종적으로 생성모형이 만들어낸 데이터가 진짜와 구별할 수 없는 상태(until the counterfeits are indistiguishable from the genuine)까지 도달합니다. 일종의 창으로 뚫을 수도 방패로 막을 수도 없는 창과 방패의 상태(확률 50%), 즉 모순(矛盾)상태가 되면 이 세상의 실제와 유사하지만 좀 색다른 데이터 분포를 만들어낸다는 것입니다. 좀 구체적으로 살펴볼까요.

〈그림 2-50〉은 우편번호 손 글씨체 데이터 세트로 유명한 MNIST 데이터를 활용하여 GAN 분석의 흐름을 개념적으로 보여주고 있

그림 2-50 NNIST 이미지를 활용한 GAN의 개념도

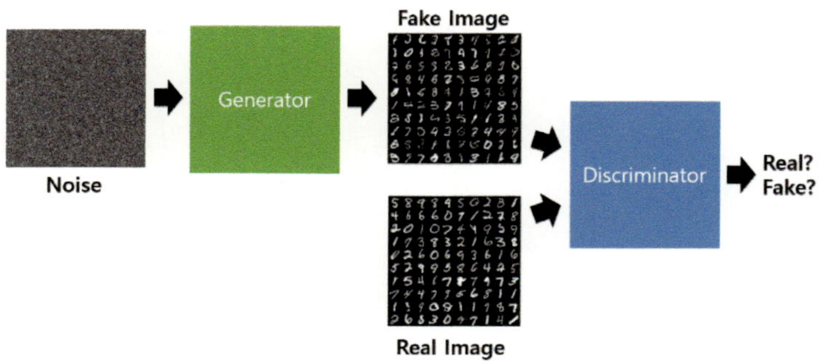

출처: hyeongminlee.github.io/post/gan001_gan

습니다. 그림에서 알 수 있듯이 GAN은 생성모형(Generative Model)인 생성기(Generator: G)와 판별모형(Discriminative Model)인 판별기(Discriminator: D), 이렇게 두 개의 신경망(Neural Network)으로 이루어져 있습니다. 판별기(D)의 목적은 실제 원본 데이터(MNIST)와 생성기(G)가 만들어낸 임의 가짜 데이터를 정확하게 구별해 내는 것이고, 생성기(G)의 목적은 원본 데이터 세트인 MNIST에 있을법하지만 잡음이 있는 가짜 데이터를 만들어내서 판별기(D)가 진짜와 가짜를 구별하지 못하게 하는 데 목적이 있습니다. GAN을 통해서 생성기(G)와 판별기(D)가 서로 경쟁적으로 성능을 높임으로써 생성기는 판별기를 잘 속일 수 있도록 학습하고 판별기는 역으로 거짓 생성 데이터를 더 잘 판가름할 수 있도록 경쟁적으로(adversarially) 학습합니다.

〈그림 2-51〉처럼 GAN을 학습시키기 위해서는 실제 데이터(예,

그림 2-51 GAN의 모형도와 생성기를 통해 만들어진 이미지 예시

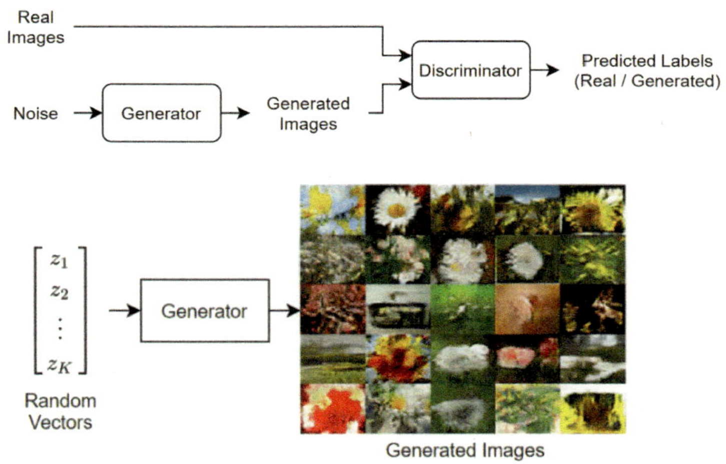

출처: mathworks.com

Real Image)가 필요합니다. 생성기(G)가 무엇인가 모방해서 만들어 내기 위해서는 실제 데이터가 필요하다는 말입니다. 생성기는 먼저 원본 데이터의 가우시안 분포(Gaussian Distribution)에 무작위로 노이즈를 만들어(random noise) 재료를 확보합니다. 생성기는 인공 신경망으로 노이즈(noise) 기반의 거짓 이미지를 생성하고, 판별기도 신의 인공 신경망으로 거짓 이미지 또는 실제 이미지를 비교하여 0 또는 1 사이의 확률값으로 생성기가 만든 데이터의 진위를 판가름합니다. 이 단계에서 판별기가 나름대로 판단한 입력값이 실제 이미지 데이터 세트에서 가져온 것이라면 1을, 거짓 이미지(Fake Image)라면 0을 출력합니다.

이를 수학적 공식으로 살펴보면 다음과 같습니다.

x: 실제 데이터

z: 생성기(G)가 input으로 받은 데이터(Noise)

D(x): 판별기(D)가 Real Data를 받고 출력한 값

G(z): 생성기(G)가 Noise를 받아서 생성한 Fake Data

D(G(z)): 판별기(D)가 Fake Data를 받고 출력한 값

먼저 판별기(D)는 실제 데이터를 입력받으면 1을 출력하고, 거짓 데이터를 받으면 0을 출력하는 데 오류가 없는 방향으로 학습(훈련)합니다. 이를 공식으로 나타내면, $LossD = Error(D(x), 1) + Error(D(G(z)), 0)$와 같습니다. 반면에 생성기(G)는 자기가 만든 Fake Image를 판별기(D)가 받았을 때 1을 출력하기를 원하겠지요. 따라서 생성기(G)는 $LossG = Error(D(G(z)), 1)$로 나타낼 수 있습니다. 생성기(G)는 판별기(D)가 최대화하고(Maximize) 싶은 것을 역으로 최소화하고(Minimize) 싶어하기 때문에 판별기(D)와 생성기(G)의 Loss를 〈그림 2-52〉와 같이 도식화하고 또 공식으로 정리할

그림 2-52 GAN의 생성기와 판별기의 수학적 구조

$$\min_G \max_D V(D,G) = \mathbb{E}_{\boldsymbol{x} \sim p_{\text{data}}(\boldsymbol{x})}[\log D(\boldsymbol{x})] + \mathbb{E}_{\boldsymbol{z} \sim p_{\boldsymbol{z}}(\boldsymbol{z})}[\log(1 - D(G(\boldsymbol{z})))]$$

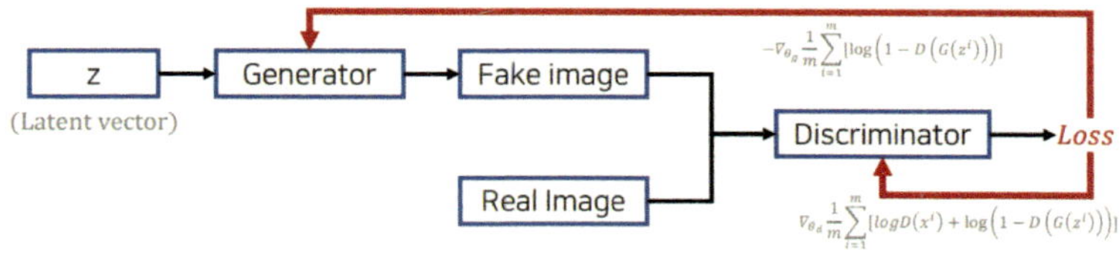

출처: youtube.com/watch?v=AVvlDmhHgC4

그림 2-53 GAN의 학습을 통한 실제 데이터와 생성데이터 업데이트

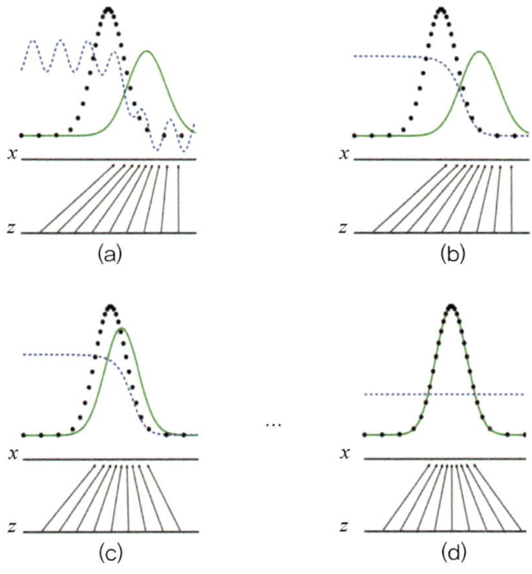

출처: Goodfellow, et al. (2014), p.3

수 있습니다.

굿펠로와 동료들(Goodfellow, et al, 2014)은 교육적 차원(pedagog-ical)에서 GAN의 원리를 이해할 수 있도록 그림으로 설명해 주고

있는데요. 〈그림 2-53〉을 보면 생성기(G)가 무선 데이터에서 잡음(z) 데이터를 가져와 거짓 데이터를 만들면, 판별기(D)는 이를 실제 데이터(x)와 비교해 나가며 학습하는 단계를 설명해 주고 있습니다.

구체적으로 〈그림 2-53〉의 (a)를 보면 생성기(G)가 잡음 데이터(z)로부터 무작위로 그럴싸한 데이터 분포(초록색)를 만들어내면 이에 대해 판별기(D)가 진위를 분명하게 구분(파란색)하고 있음을 알 수 있습니다. 참고로 검은점 분포는 원본 데이터(x)입니다. 그러나 생성기(G)와 판별기(D)가 학습을 거듭하면 각자 최대의 성능을 발휘하는 상태에 도달하는데요. 이때 두 모형 모두 더는 성능을 개선할 수 없는 상태, 즉 생성기가 만들어낸 거짓 데이터와 원본 데이터가 거의 같아지는 상태가 되기 때문에 〈그림 2-53〉의

그림 2-54 GAN 학습결과 시각화 샘플

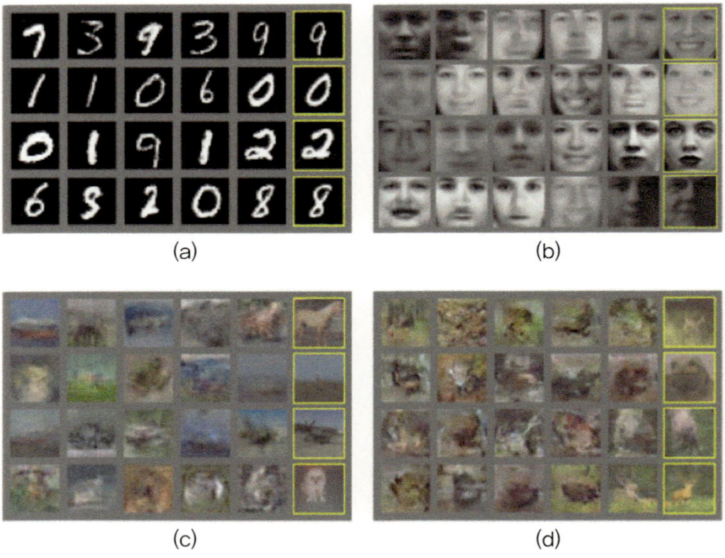

출처: Goodfellow, et al. (2014), p.6

(d)처럼 판별기(D)는 두 분포를 나눌 수 없는 D(x) = 1/2 상태(파란색 표시)가 된다는 것입니다.

실제 굿펠로와 동료들(Goodfellow, et al, 2014)은 GAN 모형을 학습시킨 후 랜덤으로 원본 이미지(〈그림 2-54〉의 노란색 박스표시 부분)와 유사하지만, 원본에는 없었던 새로운 이미지 데이터를 만들었음을 〈그림 2-54〉와 같이 시각적으로 보여주었습니다. 결국, GAN은 생성기와 판별기가 서로 경쟁하여 확률적인 분포의 차이를 최소화하는 데 있습니다.

초창기 GAN이 생성기(G)를 통해 만들어낸 거짓 데이터와 원본 데이터 간의 차이를 판별하는 학습과정이 상대적으로 불안정했습니다. 이를 해결하는 다양한 방법들이 등장했는데요. 실제 InfoGAN, Conditional GAN, CycleGAN, WGAN, LSGAN, BEGAN, StyleGAN, Progressive GAN, MGAN 등 다양한 GAN 기법이 공

그림 2-55 GAN 활용 사례(흑백, 낮과 밤, 스케치 이미지 생성)

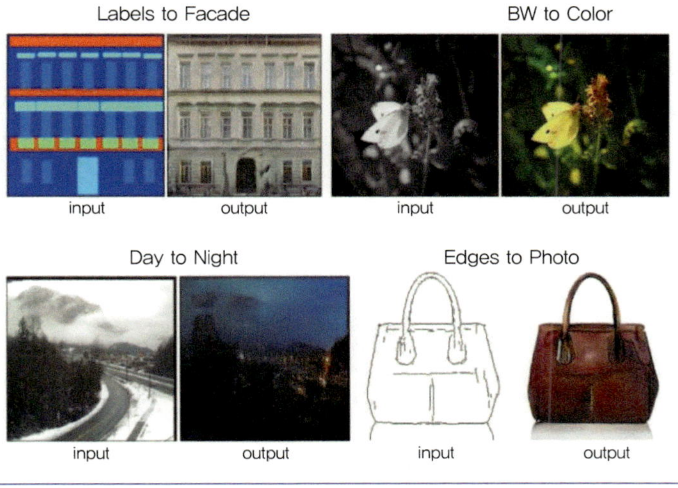

출처: tistory.bizsquare.info/608

개되었습니다. 또한, 이미지 생성작업 뿐만 아니라 자연어, 음성 처리 등 다양한 작업에 응용되고 있습니다.

GAN을 활용한 콘텐츠 제작응용 등 산업적인 활용성은 무궁무진합니다. 〈그림 2-55〉는 대표적으로 낮과 밤을 변환한 이미지, 대략적인 스케치만으로도 세상에 있을 법한 핸드백 이미지를 만들어낸 사례입니다.

GAN이 가장 많이 발전하고 있는 분야는 Fake Face 분야라고 할 수 있는데요. 인간과 아주 유사하지만 실존하지 않는 사람을 무한으로 생성하는 사이트가 있기도 합니다. 실제 〈그림 2-56〉과 같이 thispersondoesnotexist.com 사이트를 클릭하면 매번 새로운 사람의 얼굴을 만들어 보여줍니다. 이 사진속의 여인은 친숙하고 어디선가 본 백인 여성같지만, 이 세상에 실제 존재하지 않는 사람입니다.

〈그림 2-57〉은 장(Zhang)과 동료들(2019)이 발표한 StackGAN을 활용한 텍스트 기반의 이미지 생성샘플을 보여주고 있습니다. '이 새는 파랗고 하얀데 아주 작은 부리를 갖고있다'란 문구만 주어졌

그림 2-56 GAN을 활용하여 thispersondoesnotexist.com 사이트가 생성한 가상 인간

그림 2-57 StackGAN 활용한 텍스트 기반 이미지 생성 사례

출처: Zhanng, et al. (2019), p.13

는데 이 세상에 있을 법한 파라면서도 하얀배를 가진 새 이미지를 만들어 줬습니다. 매우 놀랍지요. 사람들이 말만하면 특정한 화가의 화풍이나 패턴대로 그림을 그려낼 수 있고, 생각을 텍스트로 입력해주면 그 모습을 형상화할 수 있으니까요. 이외에도 GAN을 활용하여 과거 로마황제의 얼굴을 3D로 구현한 역사학자가 관심을 받기도 했습니다.

특히 아마존(Amazon)은 ReStGAN이란 알고리즘을 개발했는데요. ReStGAN은 사람들이 온라인에서 제품 관련 검색어를 입력하면, 고객의 니즈에 최적화한 제품 이미지를 시각화하여 추천해 주는 알고리즘입니다. 〈그림 2-58〉처럼 아마존은 GAN 기술을 활용해 쇼핑몰 의류 검색기능을 강화하고 있습니다. 아마존의 ReStGAN은 기존의 원본영상을 통해서 새로운 의류 이미지를 만들어내는 stackGAN을 보완한 것인데요. ReStGAN에서 검색어로 '여성블랙팬츠', '뻐띠 사이즈', '카프리' 등 단어를 입력하면 첫 번째 검색어 텍스트인 '여성 블랙팬츠'를 토대로 순차적으로 키워드와 연관성이 높은 검색한 결과를 시각화해서 보여줍니다. 앞서 우리가 공부한 순차적, 혹은 시퀀스를 가진 방식을 결합한 것입니다. 실제 아

그림 2-58 StackGAN과 ReStGAN 활용한 여성용 바지 이미지 생성 사례

출처: Surya, el al. (2020). p.1200 재구성

마존의 ReStGAN은 LSTM을 GAN에 적용하여 연속적으로 입력된 텍스트의 의미를 기억하면서 소비자가 필요한 의류 이미지를 형성해 준다고 합니다.

이처럼 인공지능 기술은 우리가 학습한 ANN, CNN, RNN, LSTM, GAN 등은 다양한 형태로 진화를 거듭하면서 우리 사회의 문제를 해결하는 유용한 도구로 자리를 잡아가고 있습니다. 물론 거시적인 관점에서 강인공지능 등장에 따른 공포, 미시적으로는 딥페이크 등 교묘하고 정교한 기술이 야기하는 사회적, 윤리적 쟁점들 때문에 우려가 크기도 합니다. 그러나 인공지능으로 인한 다양한 사회적 문제들은 기술 결정론적인 관점으로만 해결할 수 없습니다. 그래서 더욱 미디어와 커뮤니케이션을 통한 시민사회의 비판적 식견형성과 사회적 합의과정이 중요합니다. 다음 장에서는 지금까지 인공지능을 활용한 미디어 연구의 흐름을 살핌으로써 본 저서를 읽고 있는 독자의 AI 활용 가능성과 리터러시를 높이고자 합니다.

CHAPTER 3

인공지능 기반 미디어 연구동향과 활용법

3.1 인공지능 활용 미디어 영상분석 연구동향
3.2 구글코랩 설치와 GitHub 이용법
3.3 뉴스 이미지 데이터 검색과 얼굴 감정분석

3.1 인공지능 활용 미디어 영상분석 연구동향

인공지능을 활용한 미디어 커뮤니케이션 분야의 연구진행 상황은 어떨까요? 과거에 주로 신문방송학, 언론정보, 광고홍보학 등으로 불렸던 전공이 미디어, 커뮤니케이션, 혹은 미디어 커뮤니케이션 전공입니다. 전공명칭이 학문의 본질을 나타내듯 미디어와 커뮤니케이션을 연구하는 전공이지요. 흔히 다양한 학문의 십자로로 불리는 미디어 커뮤니케이션 전공은 사회, 심리, 통계, 경영, 마케팅 등 여러 분야를 아우르는 융합전공의 성격이 큽니다. 핵심은 커뮤니케이션, 즉 인간의 소통을 중점적으로 탐구하는 학문인데요. 여기서 미디어 연구는 매체(medium)를 통해서 매개되는 커뮤니케이션 과정과 결과를 주목합니다.

지금까지 미디어 내용분석 관련 선행연구는 주로 신문방송 매체와 소셜 미디어에 등장한 텍스트를 중심으로 특정 단어빈도, 주제, 프레임을 분석해 왔습니다. 상대적으로 정영상이나 동영상에 관한 분석은 부족했습니다. 비정형 데이터 형태인 뉴스 미디어의 영상을 분석하는 작업은 특정 텍스트 키워드 검색과 추출을 통한 분석보다 난도가 높기 때문이지요. 특히 뉴스 방송영상 콘텐츠를 분석하는 데 있어서 연구자들의 상호 주관성(intersubjectivity)을 확보하기도 어려울 뿐만 아니라 연구자들이 방송영상 콘텐츠 내용을 일일이 들여다보면서 모든 장면을 살펴보는 방식은 지속하기가 어렵습니다. 영상중심의 커뮤니케이션이 대세인 요즘 연구자들이 365일 24시간 매일 쏟아지는 수많은 콘텐츠를 모두 살피기에는 한계가 존재할 수밖에 없습니다. 최근에는 이러한 한계를 극복할 수 있는 시도로 컴퓨터 비전(Computer Vision) 관련 심층학습 모형을 활용한 미디어 내용분석 연구들이 등장하고 있습니다.

인공지능을 활용한 미디어 내용분석 연구는 전통적인 신문방송 채널이나 소셜 미디어 등 커뮤니케이션 플랫폼에서 공유되는 메시지의 패턴과 형식 및 의미를 지능형 알고리즘으로 탐색하는 방법을 말합니다. 실제 이화여대 윤호영(2021) 교수는 흥미로운 연구를 진행했는데요. 객체인식의 최적 속도와 정확도가 높은 YOLO(You Only Look Once) v4라는 인공지능 알고리즘을 활용하여 TV 음악방송 프로그램이 어떻게 여성 출연자의 신체를 노출하는지를 조사했습니다. 이를 좀 구체적으로 살펴보면, 윤호영 교수는 컴퓨터 비전분야의 대표적인 인공 신경망인 합성곱 신경망(CNN)의 발전된 형태인 YOLO 알고리즘을 활용했는데요. 이름에서 알 수 있듯이 YOLO란 알고리즘은 영상 이미지에서 객체를 검출하는 혁신적인 방법으로 대상 이미지를 한번 훑으면 이미지 내의 모든 객체를 탐지해 줍니다.

윤호영 교수는 2021년 3월 2주간 지상파 3사가 방송한 유명 걸그룹인 '브레이브 걸스(Brave Girls)'의 롤린(Rollin) 노래를 분석대상으로 잡았습니다. 컴퓨터 비전으로 사물인식 및 검출에 특출한 YOLO 알고리즘을 활용하여 지상파 3사가 방영한 걸그룹의 공연화면을 분석한 것이지요. 한마디로 이 분석은 걸그룹의 뮤직비디오 영상에 등장한 모든 객체를 추출해서 특정한 규칙과 패턴을 찾아내고자 한 것입니다. 문제는 음악방송 콘텐츠의 신체 대상화나 선정성 관련 선행연구는 물론 인공지능 알고리즘도 자제가 부재했다는 것입니다. 이를 고려하여 윤호영 교수는 어떤 장면(예를 들어 엉덩이, 가슴노출 등)이 선정적인지를 선행연구를 통해 지정한 다음 인공지능 알고리즘이 스스로 해당 장면에 나타나는 특정 패턴

그림 3-1 뮤직비디오 선정성 영상분석 절차

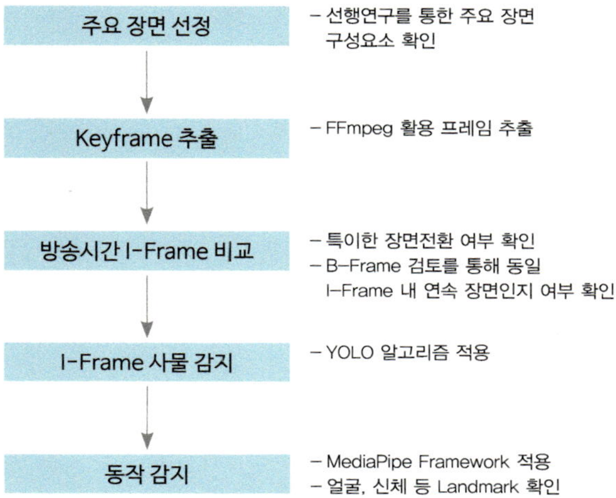

출처: 윤호영 (2021), 467쪽

이나 규칙을 찾게 했습니다.

윤호영 교수의 연구진행 절차는 〈그림 3-1〉처럼 선행연구 검토를 통해 선정성 관련 주요 장면 구성요소를 확인하고, 디지털 스트리밍 영상을 다양한 형태로 기록하고 변환할 수 있는 FFmpeg를 활용하여 음악 비디오의 프레임을 추출했습니다. 그 다음 특이한 장면전환 관련 정보를 담고 있는 I와 P-frame을 통해 연속 혹은 동일 장면인지를 필터링하고, YOLO v4를 활용하여 사람의 숫자를 계산했습니다. 사람숫자가 적어진다면 소수, 혹은 한 사람의 특정 신체부위를 줌인 해 보여줄 가능성이 있다는 것이지요. 마지막으로는 사람의 동작(Pose)을 감지하는 프레임워크인 구글의 Mediapipe(https://google.github.io/mediapipe)를 활용하여 특정 신체부위 노출도를 확률적으로 측정했습니다. 예를 들어 '발목'이 나타나지 않으면 0.1, 나타나면 0.9 등의 통계적인 확률값으로 입력

그림 3-2 뮤직비디오 선정성 장면 분석샘플

출처: 윤호영 (2021), 468쪽

한 것이지요. 그래서 특정한 신체가 화면에서 감지되었다면, 카메라 앵글이 무엇을 주목했는지 파악할 수 있습니다.

〈그림 3-2〉는 실제 윤호영 교수가 YOLO4 알고리즘을 활용하여 분석한 영상의 한 예입니다. 〈그림 3-2〉는 뮤직비디오 방송 화면에 등장한 사람의 숫자를 82~98%의 확률로 나타내주고 있습니다. Mediapipe를 활용해서 화면에 등장한 신체부위와 동작감지를 연결선(박스)으로 보여주고 있는 것인데요. 실제로 보면 눈에서부터 어깨, 손목, 허리, 엉덩이, 무릎, 발목, 발에 이르는 영역이 나타납니다. 윤호영 교수의 연구결과는 전체적으로 방송사별로 걸그룹의 신체를 촬영하는 데 있어서 카메라 앵글에 일정한 규칙이나 패턴이 있음을 확인해 주었습니다. 즉 특정 신체부위 객체화 강조 → 객체화 후 회피 → 회피단계로 진행된다는 것인데요. 이러한 화면구성은 〈그림 3-3〉이 순서대로 보여주고 있습니다.

윤호영 교수의 최종적인 연구결과라고 할 수 있는 방송 3사별 걸그룹의 신체부위 노출에 대한 비교표 분석은 흥미롭습니다. MediaPipe 프레임워크 분석을 보면 브레이브걸스 출연자의 신체부위(코, 눈, 입, 어깨, 팔꿈치, 엉덩이, 무릎, 발목)별 카메라 앵글의 주

그림 3-3 뮤직비디오 카메라 앵글 규칙 (A)신체부위 객체화 (B)객체화 → 전환 (C) 전환 후 회피

출처: 윤호영 (2021), 468쪽

목도가 방송사별로 차이가 좀 재미있게 나타났기 때문입니다.

〈그림 3-4〉가 이를 자세히 보여주고 있는데요. 뮤직비디오 출연자의 코, 눈, 입, 어깨는 방송 3사가 거의 유사한 수준으로 노출하고 있지만, 왼쪽 팔꿈치는 MBC가 가장 적게 노출했고 엉덩이(왼쪽, 오른쪽 동일) 부위는 상대적으로 높은 수준으로 주목했음을 알 수 있습니다. 이러한 결과에 대해 윤호영 교수는 'MBC의 경우

그림 3-4 방송3사별 MediaPipe 기반의 출연자 자세탐지 확률결과표

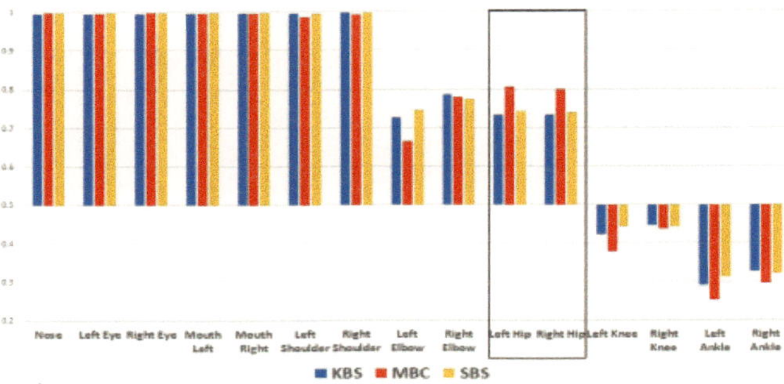

출처: 윤호영 (2021), 473쪽

는 특별히 하체인 무릎, 발목 등이 다른 방송사보다 검출될 확률이 낮았다. 또한, 왼쪽팔목이 검출되지 않았는데, 이는 주로 화면상 왼쪽에서 아티스트들의 오른쪽을 보는 카메라 앵글로 동작을 잡았음을 의미한다. MBC의 경우는 특이하게 엉덩이가 다른 방송사보다 많이 검출되었는데, MBC가 I-frame 수가 가장 적었음을 상기해 보면 이러한 검출은 백댄서의 뒷모습이 화면상에 많이 잡히면서 전체 화면앵글이 타 방송사보다 많은 것으로 이해된다.'라고 해석하고 있습니다.

두 번째 사례는 이화여대 최윤정(2021) 교수팀이 진행한 '제19대 대선 TV토론에 대한 방송뉴스 영상의 균형성, 진실성 연구'입니다. 최윤정과 동료들은 제19대 대선 TV토론에 나타난 각 후보자의 등장빈도, 표정, 응시방향을 딥러닝 기반의 영상처리 알고리즘으로 분석하였는데요. 이 연구는 2017년 4월 13일부터 5월 2일까지 각기 120분씩 6차례 진행된 제19대 대선 TV토론과 다음날 방송된 지상파 3사(KBS, MBC, SBS)와 종합편성채널(JTBC, TV조선, 채널A, MBN) 4개사 등 총 7개사의 메인뉴스 영상전체를 분석대

그림 3-5 제19대 대선 후보자의 분노, 짜증, 만족, 무표정 분류 예시

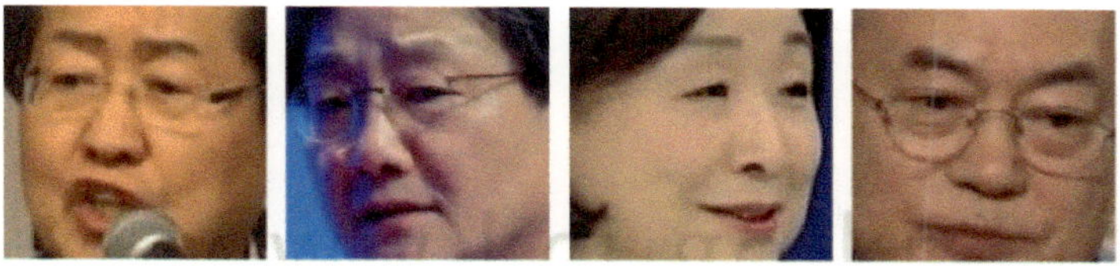

출처: 최윤정 외 (2021), 130쪽

상으로 했습니다. 분석절차는 각 후보의 얼굴부분 프레임을 추출한 후, 딥러닝 기술을 이용해서 5명의 후보자의 등장빈도, 얼굴표정, 응시방향을 알아보는 방식을 취했습니다. 등장빈도는 후보자들이 토론과 방송뉴스에 얼마나 자주 등장하는지(중복포함)를 파악하는 것이고, 표정은 후보자의 얼굴에 나타나는 감정을 분류하는 것인데요. 통상 얼굴표정 연구는 7개의 범주인 분노(angry), 역겨움(disgusted), 공포(fear), 행복(happy), 중립(neutral), 슬픔(sad), 놀람(surprised) 등이 일반적입니다. 하지만 동양인의 경우 서양인만큼 표정의 변화가 많지 않다고 합니다. 그래서 〈그림 3-5〉처럼 분노, 짜증, 만족, 무표정 총 네 가지만 반영했다고 합니다.

제19대 대선 후보자별 TV토론과 뉴스에 노출된 응시방향의 경우는 코끝을 원점으로 가로, 수직, 세로축(pitch, yaw, roll)을 기점으로 ±15°의 시선방향 차이를 살폈습니다. 대선 후보자의 TV토론은 시청자에게 눈을 맞추는 정면방향의 시선이 좋은 것으로 봤습니다. 시선각도에 따라 정면응시, 타후보응시, 위응시, 아래응시 총 네 가지를 집중하여 〈그림 3-6〉과 같이 분류했습니다.

구체적인 분석단계를 보면 ① 데이터 구축단계로 여섯 차례 진행한 TV토론과 이후 방송사들의 관련 뉴스보도 영상을 대상으로 1초에 30장의 화면, 총 186만 개의 이미지 프레임을 추출한 후, 후

그림 3-6 제19대 대선 후보자별 정면, 타후보, 위, 아래 응시 예시

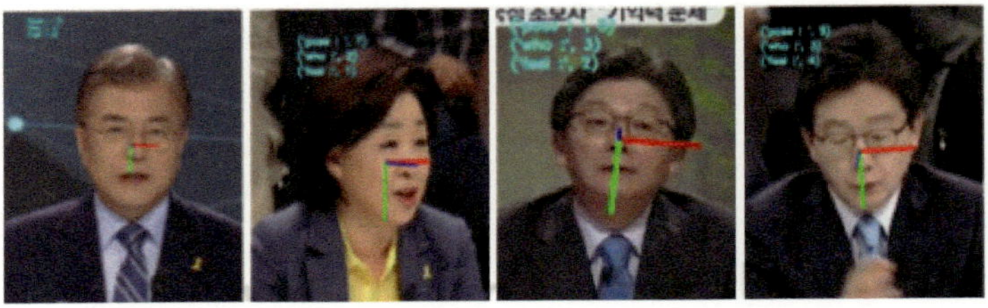

출처: 최윤정 외 (2021), 131쪽

보자별 얼굴 데이터만 별도로 저장하여 총 17,500장(후보자 5명× 3,500개)을 분석대상으로 하였습니다. ② 얼굴인식과 표정인식 네트워크의 학습단계로 VGG16(Karen & Andrew, 2015) 네트워크에 전이 학습방법을 이용하여 다섯 후보의 얼굴을 정확히 인식하는 절차를 진행했습니다. ③ 얼굴식별 알고리즘을 활용하여 TV토론 참여 후보자별로 검출하고, 이어서 추출된 후보자별 데이터에서 표정인식/얼굴방향을 신경망에 투입하여 결과값을 확보했습니다. 이때 오류를 줄이기 위해 얼굴일 확률이 95%를 넘는 경우에만 얼굴로 분류했다고 합니다. ④ 마지막으로 데이터 분석단계로 TV토론의 경우, 1차 토론 331,740개, 2차 토론 242,130개, 3차 토론 273,524개, 4차 토론 353,032개, 5차 토론 256,212개, 6차 토론 226,146개, 총 1,682,784개의 프레임을 대상으로, 방송뉴스의 경우 KBS 8,646개, MBC 34,418개, SBS 40,504개, JTBC 11,019개, 채널A 17,835개, TV조선 42,521개 MBN 24,911개, 총 179,854개의 프레임을 대상으로 통계적인 비교분석을 진행했습니다.

결과는 흥미로웠습니다. 〈그림 3-7〉과 같이 대선 후보자별 방송채널에 따라 등장하는 빈도가 통계적으로 달랐습니다. 지상파 3사와 채널A, MBN 등 모두 다섯 개의 채널에서 심상정 후보를

그림 3-7 제19대 대선 후보자의 방송사별 등장빈도 차이 비교

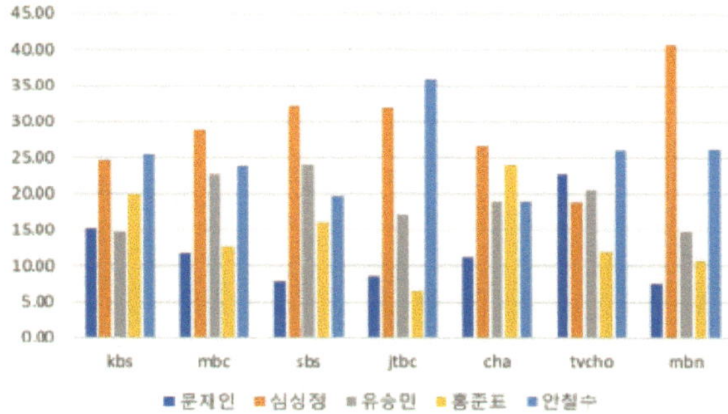

출처: 최윤정 외 (2021), 135쪽

가장 많이 보도했으며, JTBC와 TV조선은 안철수 후보를 가장 많이 보도했고, 각 방송사의 뉴스보도 중 가장 적게 등장한 후보역시 JTBC와 TV조선, 그리고 나머지 5개 채널 간 차이가 있었습니다. JTBC와 TV조선은 홍준표 후보의 등장비율이 가장 낮았고, 나머지 5개 채널에서는 문재인 후보가 제일 적게 등장한 결과를 확인할 수 있었습니다. 이렇게 인공지능 알고리즘을 활용한 최윤정 교수 미디어 내용분석 연구는 과거 인간의 수작업으로 어려웠던 비정형 데이터인 동영상 콘텐츠의 내용을 정밀하고 입체적으로 분석할 수 있는 토대를 마련해 주었습니다.

아울러 6차례에 걸친 제19대 대선 후보자별 TV토론 방송과 뉴스 보도에 노출된 표정 및 응시방향도 〈그림 3-8〉처럼 다르게 나타났습니다. 문재인 후보의 경우는 전반적인 등장비율은 적었지만, 만족스러운 표정이 가장 많이 보도되었습니다. 시선의 경우는 TV토론에서 아래쪽 응시를 많이 응시했지만, TV 뉴스보도에서는 정면응시가 더 많이 나타났습니다.

심상정 후보의 경우는 모든 방송사에서 가장 높은 빈도로 노출

그림 3-8 제19대 대선 TV토론 및 TV뉴스별 대선후보자의 얼굴표정과 시선방향 차이 비교

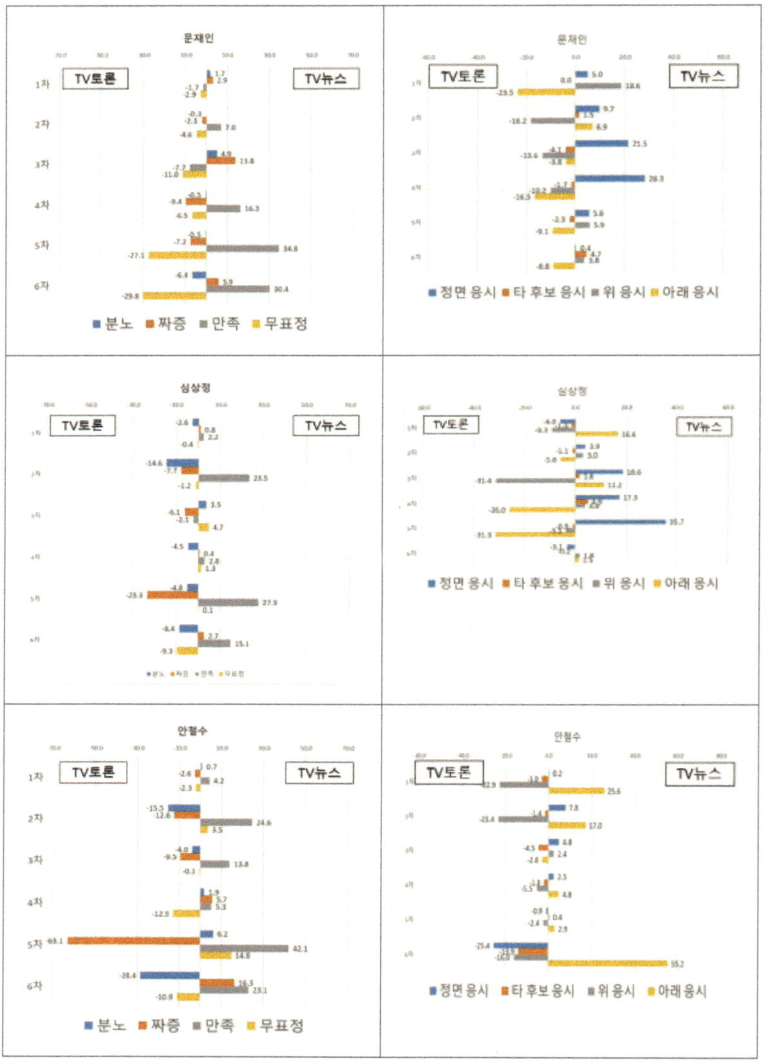

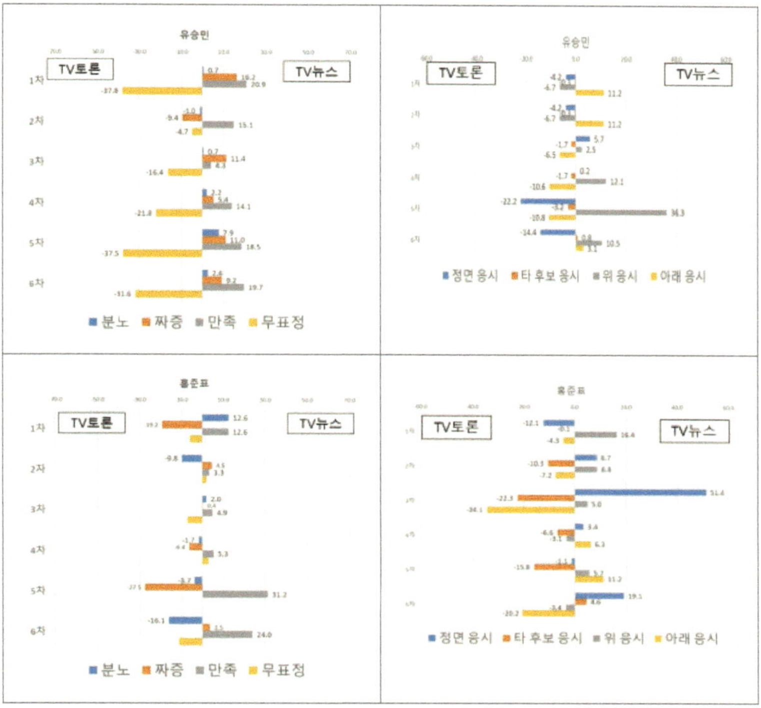

출처: 최윤정 외 (2021), 141, 143쪽 재구성

되었지만, 짜증내는 표정이 MBN을 제외한 모든 채널에서 가장 높은 비율로 보도되었습니다. 분노와 짜증을 합친 표정의 비중이, MBC의 경우 71%, 채널A의 경우 68%, SBS는 67%, TV조선의 경우 66%로 대체로 부정적인 표정이 많이 보도되었지요. 응시의 방향의 경우 정면보다는 아래를 응시하는 장면이 많이 보도되었는데, TV토론 방송과 뉴스보도 내용의 응시방향을 비교분석한 결과를 보면, TV토론 방송에서는 아래쪽을 많이 응시하였고, 뉴스 보도에서는 정면응시가 많이 강조된 것으로 나타났습니다.

안철수 후보의 경우는 뉴스보도에 있어서 만족스러운 표정도 있었지만, 분노와 짜증표정에 대한 비중이 KBS에서는 73%, MBC에서는 63%로 높은 것으로 나타났습니다. 응시방향의 경우도 안철수 후보는 아래 응시가 많았습니다. 유승민 후보의 경우는 TV뉴스에서 무표정비중이 가장 높았습니다. 응시방향의 경우도 정면응시보다는 위와 아래의 응시가 많은 것으로 나와 다소 부정적으로 노출되었다고 할 수 있지요. 홍준표 후보의 경우는 만족스러운 표정을 비롯해 다양한 표정이 골고루 나타났는데, 흥미롭게도 채널A의 경우 만족스러운 표정의 빈도가 제일 높았습니다. 보수언론과 보수후보자의 연결고리를 확인할 수 있는 단서이기도 합니다.

종합적으로 최윤정 교수팀(2021)의 연구는 인공지능 알고리즘을 활용하여 제19대 대선후보자 TV토론 방송과 TV 뉴스보도에 등장한 후보자별 노출빈도, 표정, 응시방향을 분석했습니다. 이 연구는 방송영상의 빅 데이터를 딥러닝 기법으로 분석함으로써 제19대 대선 관련 토론방송과 뉴스보도의 기계적인 불균형성을 실증적으로 제시했다는 데 의미가 있습니다. 이렇게 앞선 윤호영 교수, 최윤정 교수 등의 연구는 미디어 영상 콘텐츠를 인공지능을 활용하여 실증적으로 분석한 선도인 사례들입니다.

한편 박대민(2022) 교수는 '미디어 인공지능'이란 논문에서 미디어 동영상 분야에 적용 가능한 인공지능 분석기법과 데이터 세트를 종합적으로 소개하고 있습니다. 본 저서가 미디어 영상분야의 인공지능 활용을 다루고 있으므로 박대민 교수의 논문은 중요한 레퍼런스입니다. 박대면 교수가 미디어 동영상 연구분야에 적용 가능한 분석 툴과 데이터 세트를 소개하고 있기 때문입니다. 박대민 교수가 논문에서 소개하고 있는 미디어 동영상 분석연구에 적용 가능한 인공지능 알고리즘과 데이터 세트를 종합한 내용은 〈표 3-1〉과 같습니다.

표 3-1 미디어 영상분야에 적용 가능한 인공지능 모형 및 데이터 세트

구 분	분석분야	모 형	데이터 세트
객 체	객체탐지	YOLOv5	MS COCO
	안면인식	ArcFace	LFW
	표정인식	VGG	FER2013, AffectNet
	랜드마크 인식	DELF	Google Landmarks Dataset
	상품인식	EfficientDet	Stanford Online Products
행 동	행동인식	I3D	Kinetics 400
	자세추정	HRNet	MS COCO
사 건	이상탐지	FairMOT	MOT20
		YOLACT	MS COCO
	상황인식	SlowFast	Kinetics 600
요약분류	동영상 요약	VASNet	TvSum
	동영상 분류	DCGN	YouTube-8M

출처: 박대민 (2022), 135쪽 재구성

[객체탐지] 먼저 개체분야의 최신 지능형 알고리즘과 활용 가능한 데이터 세트를 살펴보겠습니다. 영상 데이터의 개체를 탐지하는 모형은 앞선 윤호영 교수가 활용한 YOLOv4의 상위 버전인 YOLOv5를 소개하고 있습니다. 객체 클래스는 MS COCO(Common Objects in Context)를 참고하면, 해당 데이터 세트는 80개 객체 클래스로 분류된 33만 장의 사진을 제공하고 있다고 합니다. YOLOv5는 MS COCO로 사전에 훈련한 모형을 제공하는데 미디어 동영상의 객체중에서 특히 중요한 얼굴, 장소, 상품을 탐색할 수 있습니다. 사람의 얼굴(face detection)과 감정인식에 활용하는 최신 알고리즘으로 RetinaFace와 ArcFace를 제시합니다. 관련 데이터 세트는 LFW(labeled faces in the Wild), FER2013, AffectNet은 화남(angry), 역겨움(disgust), 불만(contempt), 두려움(fear), 행복

(happy), 슬픔(sad), 놀람(surprise), 무표정(neutral) 등의 표정을 분류해 줍니다. 장소를 인식하는 최신 알고리즘은 ResNet 기반의 DELF(DEep Local Feature)를 꼽을 수 있고 관련 데이터 세트는 구글의 랜드마크(Google Landmarks Dataset)가 있습니다. 제품에 대한 인식은 미디어 동영상에서 광고를 제외하면 상품이 작게 나오는 경우가 많기에 미세한 이미지까지 인지할 수 있는 EfficientDet이 좋다고 합니다.

[행동인식, 자세추정] 행동인식은 I3D(Inflated 3D Convolutional Neural Networks)를 활용할 수 있는데, I3D CNN은 객체탐지를 위한 합성곱 신경망(CNN)과 시계열 데이터 학습을 위한 LSTM을 결합하는 방법입니다. 2차원의 CNN을 시간축을 더해 3D로 확장한 3D CNN으로 이용함으로써 개별 프레임의 I3D와 함께 공개된 딥마인드의 Kinetics 400을 활용할 수 있습니다. 자세추정은 이미지 내 객체의 관절단위 핵심포인트(key point)로 학습하여 스포츠 선수나 골퍼의 자세교정을 위한 분류 등에 활용할 수 있습니다. 관련 모형으로는 고해상도와 고수준 특징을 함께 처리할 수 있는 HRNet(High-Resolution Net)가 있습니다.

[상황분류와 이상탐지를 이용한 사건탐지] 인공지능 알고리즘을 이용해서 특정한 상황을 분류하고 평소와 다른 이상을 탐지함으로써 사건발생 여부를 탐지할 수 있습니다. 상황분류 모델로는 SlowFast가 있는데요. SlowFast는 동영상에서 초당 적은 프레임을 추출한 경로(slow pathway)에서 공간정보를, 초당 많은 프레임을 추출한 경로(fast pathway)에서 시간정보를 학습하여 동영상의 상황을 시공간 특성에 따라 분류합니다. 이상탐지는 3D ConvNet을

이용해 이상행동을 탐지하는 방법, MOT를 활용해 사람이나 자동차 등의 궤적이 정상이 아닌 경우를 탐지하는 방법, 인스턴스분할이 가능한 YOLACT 등을 활용해 화재 등을 탐지하는 방법 등이 있습니다.

[동영상 요약] 미디어 분야에서 동영상 요약은 가편집, 예고편 생성 등에 활용할 수 있는데요. 동영상 요약은 주요 정보의 손실을 최소화하면서 대용량 동영상을 적은 수의 키 프레임(key frame) 또는 키 쇼트(key shot)로 구성된 동영상으로 축약하는 기술입니다. 동영상 요약은 움직임이나 색 등 특정 기반(feature based)방식, 유사도에 따른 군집화 기반(cluster based)방식, 주요 사건을 정의하고 해당 사건을 탐지해 요약하는 사건기반(event based) 방식, 시공간 정보나 돌출객체를 활용하는 궤적기반(trajectory based)방식, 숏 선택기반(shot selection based)방식 등이 있습니다. 예를 들어 AI 허브의 요약 동영상(AI 학습 데이터 활용) 서비스는 유튜브의 20개 카테고리별로 20분 이상과 20분 이하의 동영상 클립에서 1분 간격으로 3초짜리 1개 숏을 추출하여 10분짜리 동영상을 30초 영상으로 요약해줄 수 있습니다. 관련한 데이터 세트는 TvSum 등이 있다고 합니다.

[동영상 분류] 동영상 분류는 동영상을 프레임 단위가 아니라 전체 동영상 단위 또는 클립단위로 분류하는 것을 목표로 합니다. 동영상 분류방법으로 가장 기본적인 방식은 프레임 단위를 바탕으로 동영상 분류를 수행하는 것입니다. 그러나 개별 프레임의 정보가 전체 동영상의 분류와 무관할 수 있으므로 추가적인 기법이 필요한데요. DCGN(deep convolutional graph neural network)은 우선

CNN으로 추출한 영상의 특징을 바탕으로 프레임을 노드로 하여 유사한 프레임을 상호 연결한 그래프(graph)를 도출함으로써 샷수준, 사건수준, 전체 동영상 수준 순으로 그래프를 산출하여 이를 분류하는 방식입니다. 동영상 분류 셋으로는 22개 장르 35만 시간 분량의 610만 개 동영상 클립에 3,862개 클래스에 대한 시각정보를 라벨링한 YouTube-8M 등이 있습니다.

이러한 인공지능 활용 미디어 연구동향을 추려보면, 선도적인 몇몇 연구자들이 적극적으로 인공지능을 활용한 미디어 커뮤니케이션 연구방법론을 개척하고 있음을 알 수 있습니다. 미디어 내용분석 관련 전통적인 선행연구들은 인간의 감각으로 방송영상 이미지 데이터를 정교하고 심층적으로 분석하는 데는 한계가 있었습니다. 그간 사회과학 분야의 내용분석 연구에서 필수였던 코도간 신뢰도(intercoder reliability)가 인공지능을 활용하면 무색해집니다. 이제 인공지능을 잘만 활용하면 과거에 인간의 힘으로는 도저히 불가능했던 많은 양의 미디어 콘텐츠 데이터를 수집하고 또 매우 정밀하게 분석할 수 있습니다. 어떤 경우든 디지털 형태의 데이터만 있으면 최적의 유용한 인공지능 알고리즘을 활용하여 미디어 내용분석을 할 수 있습니다. 이제 미디어 연구의 문이 크게 열리고 있는 듯합니다.

3.2 구글코랩 설치와 GitHub 이용법

인공지능 알고리즘을 활용한 분석 플랫폼은 다양합니다. 일반적으로 시작단계에서 이용하는 방법은 구글에서 제공하는 클라우드(cloud) 기반의 주피터 노트북(Jupyter Notebook) 구동 환경인 'colab'입니다. 구글코랩(google colab)은 초보자가 쉽게 접근하고 이용할 수 있는 무료의 연산환경을 제공합니다. 물론 여러분 개인 컴퓨터에 'Jupyter Notebook'과 'Spider' 편집기를 직접 내려받아서 분석할 수도 있지만 구글코랩이 좀 더 쉽고 무료의 연산공간을 제공한다는 측면에서 장점이 큽니다. 구글코랩은 또 여러분이 작업한 인공 신경망을 공개적으로 공유할 수 있는 'Git'과도 연동이 가능합니다. 여기서는 구글코랩이 제공하는 클라우드 기반의 프로그램 플랫폼의 활용법을 간단히 살펴보고자 합니다. 아울러 본 내용은 김정환 · 박노일(2022)의 저술서 부록 내용 중 구글코랩 설치부분을 요약정리한 것입니다. 구글코랩을 활용하여 실제 ANN, CNN, RNN 등 인공지능 프로그램을 구체적으로 구현해 보고 싶은 분들은 해당 저서의 부록 매뉴얼을 참고바랍니다.

먼저 Git과 Github에 대해 간략히 설명하겠습니다. Git은 컴퓨터 프로그램 개발자 등이 진행 중인 프로젝트를 공유, 백업 및 관리해 주는 공개 소프트웨어인데요. 소프트웨어 개발을 위해 사용한 프로그래밍 소스코드를 효과적으로 관리할 수 있는 강점이 있습니다. 또 클라우드 기반이라 여러 명이 동시에 수정도 가능하며 다루기도 쉽습니다. GitHub는 Git에서 작성한 내용을 원격으로 전송하고 저장하는 공간과 작업자 개인의 코드들을 백업해 놓는 기능이 있습니다. 이뿐만 아니라 프로그래밍 소스코드를 주고받을 필요없이 같은 파일을 여러 명이 동시에 작업하는 병렬개발이 가능합니다. 따라서 GitHub에서는 개발자들 간에 더 나은 코드를 만들거나 수정모드를 제안받을 수도 있습니다.

한편 구글코랩을 이용하는 데 한 가지 제한점이 있습니다. 구글코랩 프로그램으로 한 번 로그인해서 유지할 수 있는 최대 세션 시간이 12시간이라는 점입니다. 구글코랩에서 어떤 움직임이 없으면 자동으로 세션이 종료된다는 말인데요. 이때 세션과 함께 작업중이던 데이터도 없어집니다. 물론 프로그램 코드는 'ipynb' 확장자로 구글 드라이브에 보관되지만, 딥러닝을 학습시키는 작업을 할 때는 데이터를 구글 드라이브에 저장해 놓고 쓰길 권합니다.

이제 구글코랩을 설치부터 시작해 보겠습니다. 먼저 여러분 모두가 구글(google)계정을 가지고 계셔야 합니다. 구글계정이 없으면 google.com에서 회원가입을 한 후 로그인을 합니다. 이후 로그인한 구글계정에서 제공하는 드라이브(https://drive.google.com)에 접속한 후에 '내 드라이브'에서 사용할 'test' 폴더를 아래와 같이 만들어 줍니다. 이어서 여러분이 만든 'test' 폴더에서 오른쪽 마우스 클릭해서 '연결할 앱 더보기'를 누른 후 'colaboratory'를 검색하여 다운로드 설치해 줍니다. 이어서 구글 드라이브에서 구글코랩을 '기본' 이용할 수 있도록 설정하는 절차는 다음과 같이 진행하면 됩니다. 다음으로 다시 구글 '드라이브' 메인 웹페이지로 돌아와서 〈내 드라이브〉 폴더를 클릭해서 나타난 '더보기'를 클릭한 후에 'Google Colaboratory'를 선택해서 클릭해 줍니다. 그러면 'Untitled0.ipynb'란 무제의 구글코랩 브라우저가 형성됩니다. 여기서 여러분이 원하는 대로 바탕화면 테마를 변경하고 설정표시내용을 클릭해주면 됩니다.

구글(google)계정 로그인

'내 드라이브'에서 사용할 폴더(test) 만들기

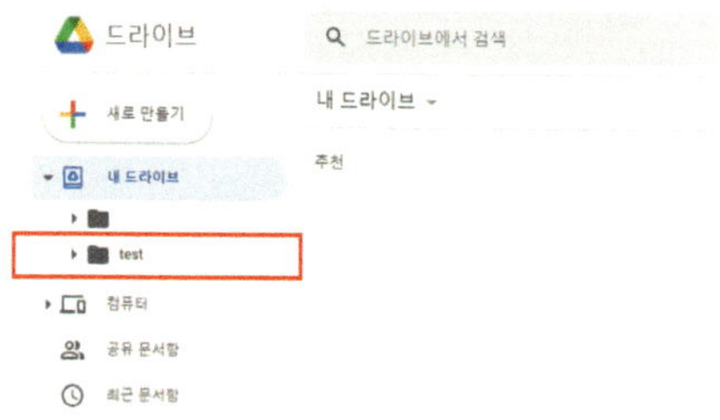

test 폴더(우클릭) → 연결할 앱 더보기

구글 워크스페이스 검색: colab → 설치

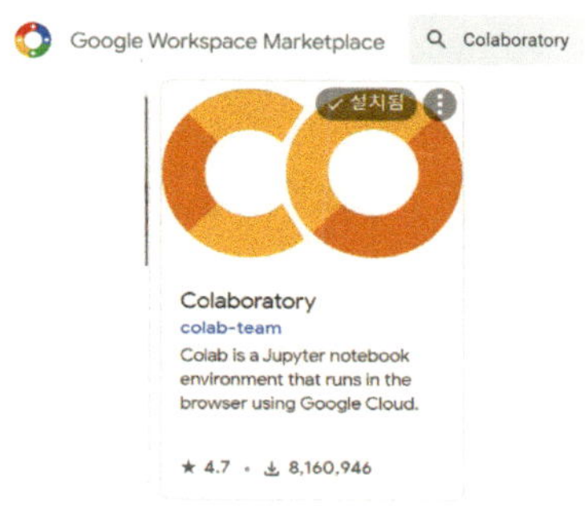

'내 드라이브' 설정 클릭 → 앱 관리 클릭

앱 관리 → Google Colaboratory 기본값으로 사용 클릭 → 완료 클릭

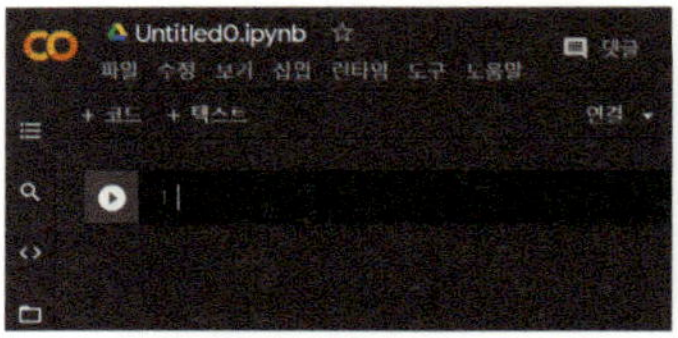

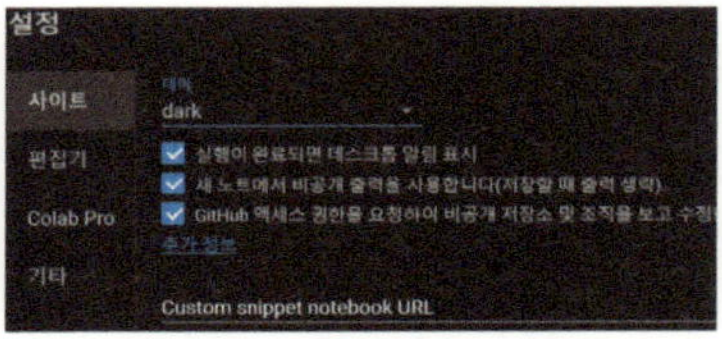

다음으로 GitHub에 대해 알아보겠습니다. 아마도 여러분이 인공 신경망 구현실습 과정에서 제일 중요한 자료는 여러분이 직접 구글코랩 공간에서 만들어낸 code입니다. 이러한 소스(source) 코드들을 효과적으로 관리하고 또 함께 작업하는 동료나 다른 사람들과 공유할 수 있는 공간이 있습니다. 'Git'은 무료의 공개된 소프트웨어로 인공지능 등 개발에 사용되는 소스코드를 효과적으로 관리할 수 있게 해줍니다. 또 공개 소프트웨어로 진행 중인 프로젝트를 효과적으로 백업하고 많은 사람과도 공유할 수 있습니다. 이렇게 Git에 저장하고 원격으로 관리하는 공간을 'GitHub'라고 합니다. GitHub는 여러분이 작업한 코드들을 백업해 놓는 기능뿐만 아니라 같은 파일을 여러 명이 동시에 작업하는 병렬개발이 가능하도록 개선된 코드를 만들거나 수정모드를 제안받을 수도 있는 공간이기 때문에 중요합니다.

GitHub 계정 등록하는 방법은 GitHub(https://github.com)에 접속한 후 회원가입을 해줍니다. GitHub를 처음 접하는 여러분은 최종 단계에서 Free 유형으로 가입하시면 됩니다. 이어서 GitHub 공간에서 나만의 저장소(Repository)를 만드는 방법은 GitHub에 로그인 후에 우측상단의 '프로필 > Your repositories'으로 간 후에 repositories에서 New를 눌려준 후 필요한 정보들을 입력해주면 됩니다. 그러면 여러분만의 고유한 저장공간에 대한 이름(Repository name), 설명(Description), 저장코딩에 대한 공개(public) 설정과 'Add a README file'을 체크해 주면 여러분만의 GitHub의 저장소가 생긴 것입니다.

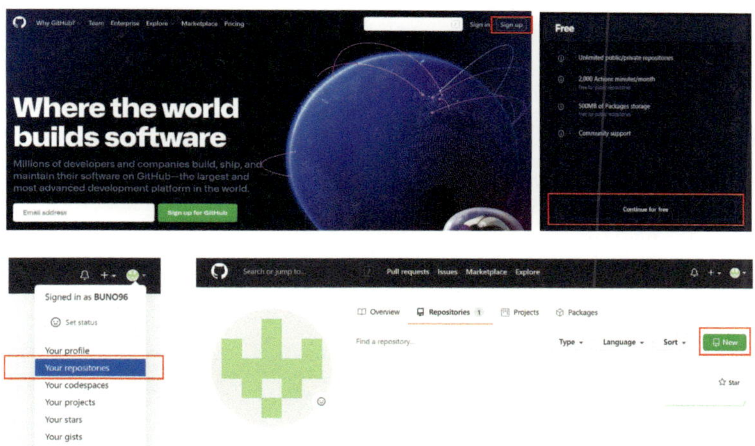

다음으로 구글코랩에서 작업한 코드를 GitHub에 저장하는 방법을 알아보겠습니다. 구글코랩에 들어가서 '파일 > GitHub에 사본 저장'을 클릭해주면 'Colaboratory에서 GitHub의 승인을 기다리고 있습니다'란 메시지가 나옵니다. 승인요청 창이 뜨면 로그인만 해주면 자동으로 GitHub와 연동이 됩니다. 이때 나의 GitHub 저장소에 저장할 파일경로에 확장자(ipynb) 형태를 입력해 주어야 오류 없이 연동이 완료됩니다.

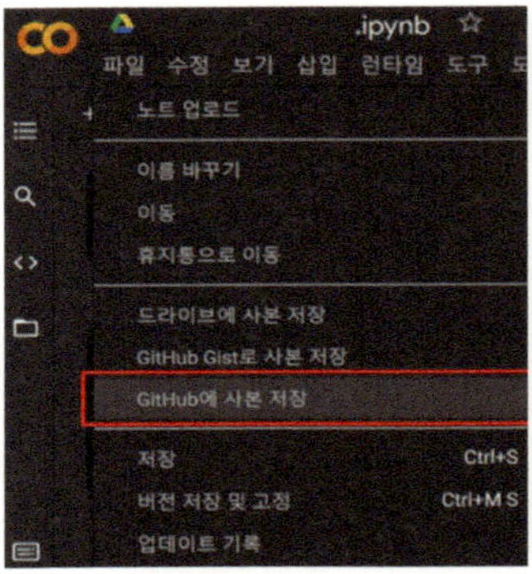

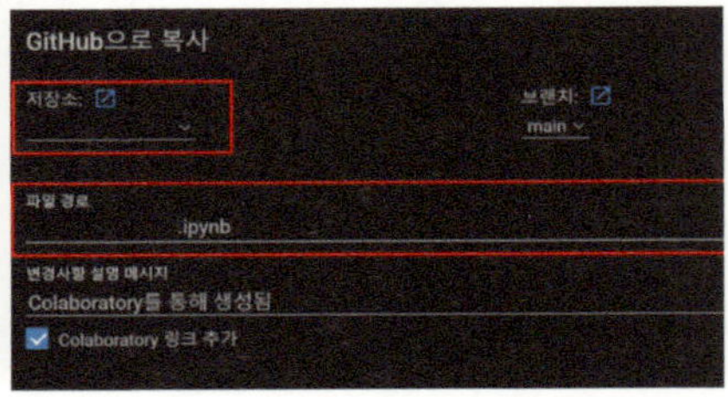

이렇게 구글코랩에서 작업한 코드를 GitHub에 연동하여 저장하면 아래와 같이 여러분이 작업한 코드가 업로드된 것을 확인할 수 있습니다. 여러분의 데이터를 GitHub 저장소에 'Add file>Upload files'을 통해서 쉽게 업로드할 수 있고 또 필요할 때 내려받을 수 있습니다. 예를 들어, manhattan.csv 데이터를 다운로드하는 방법은 아래와 같습니다.

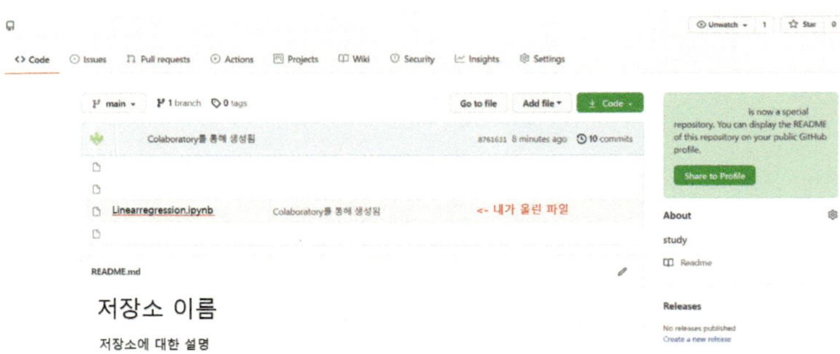

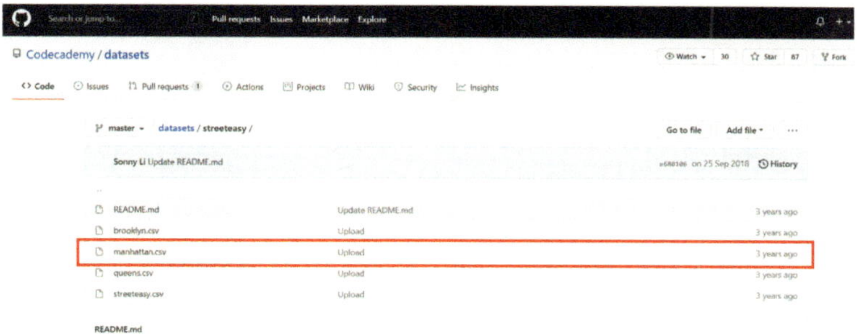
Codecademy / datasets
master datasets / streeteasy /
Sonny Li Update README.md
README.md
brooklyn.csv
manhattan.csv
queens.csv
streeteasy.csv
README.md

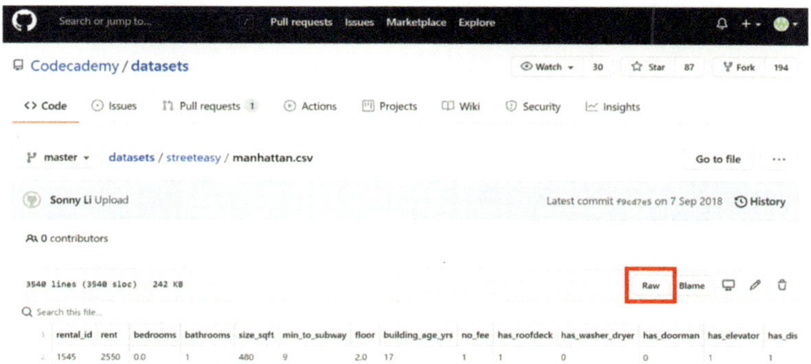
Codecademy / datasets
master datasets / streeteasy / manhattan.csv
Sonny Li Upload
0 contributors
Raw
Blame

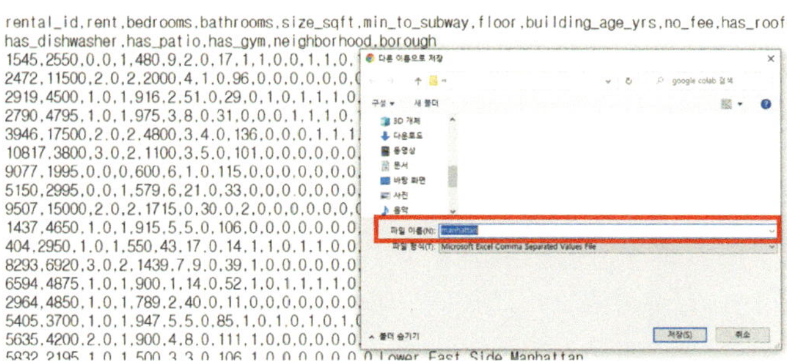
rental_id,rent,bedrooms,bathrooms,size_sqft,min_to_subway,floor,building_age_yrs,no_fee,has_roofc
has_dishwasher,has_patio,has_gym,neighborhood,borough

이처럼 dataset에서 Raw를 누르면, 쉼표(,)로 구분된 원(raw) 데이터가 나옵니다. 거기서 오른쪽 마우스를 클릭하여 '다른 이름으로' 저장해주면 됩니다. 그렇게 한 후 해당 파일을 분석하려면 앞서 소개했던 대로 구글 드라이브와 구글코랩을 연동(mount)하면 됩니다. 'mount'하는 방법은 다음과 같습니다.

① 드라이브 마운트 클릭 방법

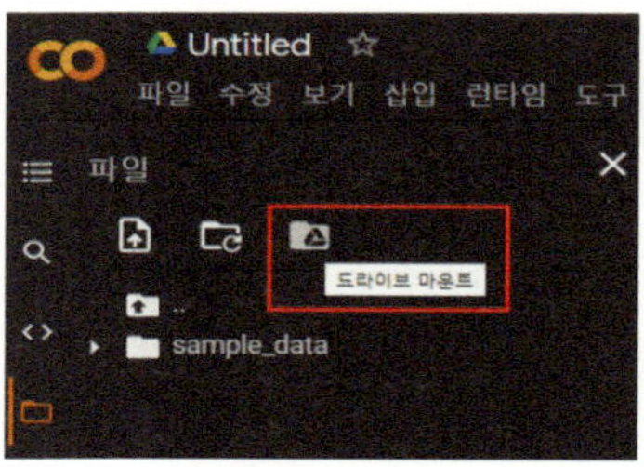

② 코랩 코딩 실행을 통한 마운트 방법

```
from google.colab import drive
drive.mount("/content/drive")
```

위와 같이 구글코랩을 여러분의 구글 드라이브와 연동하는 'mount' 작업은 두 가지 방법이 있습니다. ① '드라이브 마운트'를 클릭을 하거나, ② 직접 구글코랩에서 코딩을 실행시키는 방법이지요. 순서대로 따라 해보기를 바랍니다. 두 번째의 경우는 코딩 작업 후 실행을 클릭하면, 'Go to this URL in a browser' 메시지와 함께 인터넷 주소와 확인코드(authorization code) 입력창이 나옵니다. 먼저 인터넷 주소를 클릭한 후 '계정선택' 확인과 함께 '로그인'을 하면, 코랩 창에 입력해야 할 확인코드가 나옵니다. 그것을 복사하여 입력해주고 실행하면 마운트가 완료됩니다. 그러면 여러분은 구글코랩(google colab)과 깃허브(GitHub)를 이용할 수 있습니다.

3.3 뉴스 이미지 데이터 검색과 얼굴 감정분석

미디어 커뮤니케이션 연구자들 대부분은 인문사회계열의 전공을 배경으로 갖고 있을 것입니다. 학부나 대학원 과정에서 인공지능 관련 지식과 기술을 배운적이 없는 인공지능 초심자가 데이터 크롤링 소스를 짜고 인공 신경망 모형을 구축할 뿐만 아니라 모형을 학습(훈련)시키는 등 일련의 과정이 무척 어렵게만 보일 듯합니다. 그래서 처음에는 쉽게 접근할 필요가 있습니다. 걸음마를 걷듯, 하나하나 짚어보고 한 단계씩 앞으로 나가야 되지요.

이에 맞춰 이번 절은 뉴스 미디어 데이터(보도가사 등)를 수집하는 기초적인 방법을 소개하고, 뉴스 미디어 영상 이미지(보도사진)에 나타난 정보원의 얼굴을 인공지능 알고리즘을 활용하여 분석해보는 사례를 공유하고자 합니다. 비록 기초적이지만 뉴스 미디어 데이터를 확보하고 이를 토대로 인공지능 알고리즘을 적용해보면 여러분의 인공지능에 관한 이해와 흥미도가 높아질 것이라고 확신합니다. 그러니 이 책이 소개한 컴퓨터 프로그램 코드에 지레짐작으로 겁먹지 말고 이해하는 정도만이라도 좋으니 끝까지 따라가 보기 바랍니다.

(1) 네이버 오픈 API 활용 뉴스 미디어 데이터 수집

먼저 비교적 쉽고 또 무료인 네이버(naver.com)의 오픈 API를 활용한 데이터 수집절차를 안내하겠습니다. 물론 보도기사나 영상데이터를 수집하는 방법은 뉴스 빅 데이터 분석시스템인 Big

Kinds(www.bigkinds.or.kr) 등도 있으니 참고바랍니다. 일단 API (Application Program Interface)가 뭐냐는 질문이 나올 수 있겠네요. API는 간략히 말해, 두 개의 소프트웨어 구성요소가 서로 통신할 수 있게 하는 메커니즘입니다. 일종의 인터페이스인데요. 인터페이스란 두 애플리케이션(소프트웨어) 간의 서비스 계약으로 두 애플리케이션이 요청하고 응답하는 형식의 통신하는 방법을 말합니다. 우리가 원하는 뉴스 기사나 이미지 자료를 구하고자 하면, 우리는 먼저 클라이언트(요청자)로서 자료를 보관하고 있는 서버(제공자)에게 자료를 제공해 달라고 적절한 요청 메시지를 보내야 합니다. 이렇듯 API는 요청과 응답을 구성하는 방법에 대한 정보가 들어 있습니다.

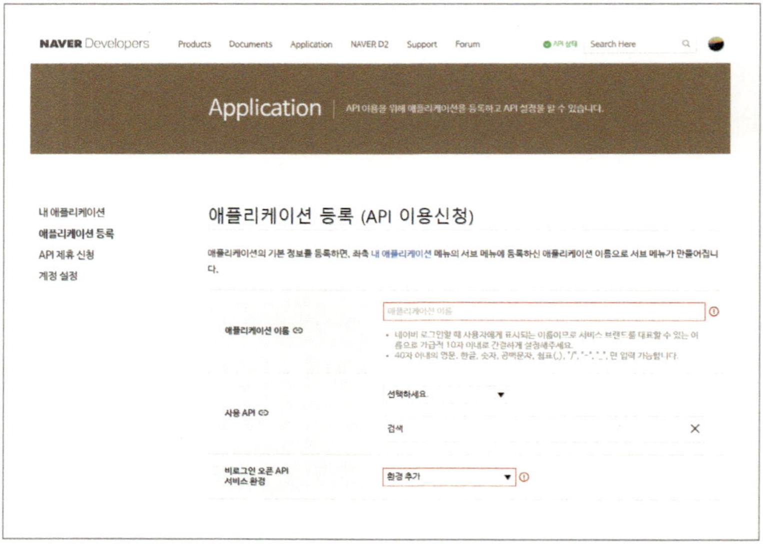

네이버의 오픈 API를 활용하여 뉴스 기사나 이미지를 검색하고자 하면, 네이버 포털 사이트 가입후, NaverDevelopers 사이트

(developers.naver.com)에 방문해서 오픈 API 이용신청을 해야 합니다. 네이버 오픈 API를 통해서 웹 서비스 또는 모바일 앱에 네이버 웹문서/블로그/뉴스/책/영화/카페글/지식iN/쇼핑/이미지/백과사전/전문자료 분야에 대한 검색결과를 수집할 수 있습니다. 단 하루에 25,000건의 데이터만 검색할 수 있습니다. 먼저 〈애플리케이션 이름〉에 본인이 원하는 이름을 지정해 줍니다. 사용할 API는 '검색'을 선택해 주고요. 비로그인 오픈 API는 본인의 컴퓨터 정보 사양에 따라 입력합니다. 이렇게 등록을 하고 나면 Client ID, Secret 정보가 나옵니다. 네이버 오픈 AIP 서버에게 여러분이 원하는 데이터 〈검색〉 요청할 때 요청자의 신분정보, 즉 Client ID, Secret가 있어야 가능하니 별도로 기록/저장해 놓기 바랍니다.

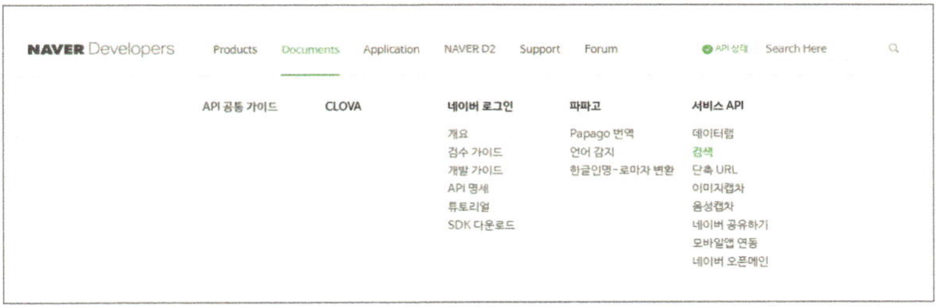

NAVERDevelopers 사이트의 상단메뉴 중 〈Documents〉를 누르면 서비스 API 중 〈검색〉 항목을 클릭해줍니다. 그러면 네이버 오픈 API를 활용한 검색호출 예제 코딩을 확인할 수 있는데요. Python 양식(블로그)을 아래와 같이 확보할 수 있습니다. 이 코딩을 복사해서 구글코랩을 열어서 하나의 파이선 노트북(ipynb)에 입력 후, 뉴스 또는 이미지 검색에 필요한 키워드를 입력하여 검색하면 됩니다.

```
# 네이버 검색 API예제는 블로그를 비롯 전문자료까지 호출방법이 동일하므로 blog검색만 
대표로 예제를 올렸습니다.
# 네이버 검색 Open API 예제 - 블로그 검색
import os
import sys
import urllib.request

client_id ="YOUR_CLIENT_ID"
client_secret ="YOUR_CLIENT_SECRET“

encText = urllib.parse.quote("검색할 단어")
url ="https://openapi.naver.com/v1/search/blog?query="+ encText # json 결과
# url = "https://openapi.naver.com/v1/search/blog.xml?query=" + encText # xml 결과

request = urllib.request.Request(url)
request.add_header("X-Naver-Client-Id",client_id)
request.add_header("X-Naver-Client-Secret",client_secret)

response = urllib.request.urlopen(request)
rescode = response.getcode()
if(rescode==200):
    response_body = response.read()
    print(response_body.decode('utf-8'))
else:
    print("Error Code:"+ rescode)
```

네이버 오픈 API에서 제공하는 예제 코딩을 뉴스/이미지/블로그 등 필요한 데이터 대상에 맞춰 변경하면 되는데요. 잊지말아야 하는 것은 Client id와 secret 정보 입력, 그리고 검색 키워드 입력, 그리고 검색대상에 따라 query 유형을 news, blog, image 등으로 입력하기입니다. 아래 이미지는 구글코랩으로 제16대 대통령이었던 (故) '노무현'을 키워드로 삽입하여 작성한 실제 프로그래밍 코딩 및 검색결과를 보여주고 있습니다.

```
importos
importsys
importurllib.request
client_id = "YhK6zrFKW4YqwdtY49PP" #본인 id
client_secret = "22xtcoJbON"        #본인 pw(수시로 재설정 가능)
encText = urllib.parse.quote("노무현")
url = "https://openapi.naver.com/v1/search/image?query="+ encText # json
결과
# url = "https://openapi.naver.com/v1/search/image.xml?query=" + encText
# xml 결과
request = urllib.request.Request(url)
request.add_header("X-Naver-Client-Id",client_id)
request.add_header("X-Naver-Client-Secret",client_secret)
response = urllib.request.urlopen(request)
rescode = response.getcode()
if(rescode==200):
response_body = response.read()
    print(response_body.decode('utf-8'))
else:
    print("Error Code:"+ rescode)
```


"title":"밝은 표정의 노무현당선자",
"link":"http:₩/₩/imgnews.naver.net₩/image₩/001₩/2002₩/12₩/20₩/kp1_2021220k0426.jpg",
"thumbnail":"https:₩/₩/search.pstatic.net₩/common₩/?src=http:₩/₩/imgnews.naver.net₩/image₩/001₩
"sizeheight":"350",
"sizewidth":"274"

"title":"평양 목란관 만찬장에서 인사말하는 노무현 대통령",
"link":"http:₩/₩/imgnews.naver.net₩/image₩/003₩/2007₩/10₩/02₩/NISI20071002_0005287517_web.jpg",
"thumbnail":"https:₩/₩/search.pstatic.net₩/common₩/?src=http:₩/₩/imgnews.naver.net₩/image₩/003₩
"sizeheight":"600",
"sizewidth":"472"

네이버 오픈 API 서버에서 '노무현'을 키워드로 이미지를 검색한 결과 2개만 캡처해서 보면, 이미지의 제목(title), 이미지 위치한 링크주소(link), 섬네일(thumbnail) 주소, 이미지 가로세로 크기(sizeheight, sizewidth)를 보여주고 있습니다. 검색결과 보도사진 왼쪽은 '밝은 표정의 노무현 당선자' 제목의 연합뉴스 사진이고

(2002.12.20. 오전 10:45), 오른쪽은 Newsis의 '평양 목란관 만찬장에서 인사말하는 노무현 대통령'이란 제목의 보도사진(2007. 10. 2. 오후 9:25) 이미지입니다. 이렇게 네이버 오픈 API를 활용하여 뉴스 이미지 등 자료를 쉽게 수집할 수 있습니다. 물론 우리가 살펴본 네이버 오픈 API를 활용한 뉴스정보 검색방법 뿐만 아니라 여러분이 직접 코딩작업을 구현해서 더 많은 데이터를 체계적으로 가져올 수 있습니다. 이와 관련한 코딩정보와 학습방법은 유튜브 등(예, youtube.com/watch?v=C8-SII6S4Bc)에 공개된 소스자료 등을 참조하시기 바랍니다.

(2) 네이버 CFR API 활용 뉴스 정보원 얼굴 감정분석

네이버는 뉴스 미디어 영상데이터를 수집하는데 유용한 오픈 API 뿐만 아니라 유명인 얼굴인식과 감정분석도 가능한 인공지능 API 플랫폼을 제공하고 있습니다. 이름은 CLOVA Face Recognition API(이하 CFR API)인데요. CFR은 영상데이터 속에 있는 사람 얼굴을 인식하거나 얼굴에 담겨있는 세밀한 정보까지 분석해주는 인공지능 API 서비스입니다. 특히 뉴스 미디어 영상데이터 속에 등장한 정보원의 얼굴을 인식하고 또 정보원의 성별, 나이, 감정, 자세까지 읽어 낼 수 있다는 측면에서 미디어 연구자에게 유용한 인공지능 플랫폼이지요. 게다가 누구나 쉽게 무료로 이용할 수 있다는 장점이 있습니다.

이렇게 사람의 얼굴과 관련된 다양한 정보를 제공하는 CFR API는 뉴스 미디어가 보도한 사진이나 디지털 이미지 속의 얼굴과 가장 닮은 유명인을 찾아주고, 얼굴의 윤곽과 눈/코/입 위치, 표정에 관한 지표를 제공해 줍니다. 네이버는 거의 모든 국내 유력인

사들의 얼굴을 인공지능 기술을 적용하여 DB화하고 관련한 알고리즘의 성능을 계속해서 높이고 있습니다. 이러한 기술이 반영된 CFR은 1일 한도 100건 이내에서 누구나 무료로 사용할 수 있습니다(단 이미지 파일의 크기는 2M이하).

인공지능 알고리즘을 활용하여 뉴스 보도사진에 나타난 정보원의 신분을 파악하고 또 정보원 얼굴에 나타난 표정까지 읽어내는 작업은 미디어 커뮤니케이션 연구자들에게 흥미로운 연구주제를 던져줍니다. 이러한 연구관심을 가지고 조금 앞으로 나가보겠습니다. 일단 우리는 앞서 네이버 오픈 API로 뉴스 기사를 검색하는 방법을 알아봤습니다. 지금부터는 네이버가 제공하는 얼굴인식 관련 인공지능 플랫폼인 CFR API를 활용하여 뉴스 미디어가 보도한 사진 데이터에 등장한 정보원의 신분확인과 감정 및 자세정보를 분석해보겠습니다.

제일 먼저 여러분은 네이버 개발자 센터(developers.naver.com)에서 사용자 등록을 마쳐야 합니다. CFR API는 REST API로서 HTTP(HyperText Transfer Protocol) 통신을 통해 빠르고 간편하게 데이터를 전송해 줍니다. HTTP 기반의 CFR API에게 인공지능 알고리즘 이용을 요청하려면 네이버 개발자센터에서 발급해 준 Client ID와 Client Secret 정보를 [HTTP Request Header] 포함해야 합니다. 따라서 앞서 네이버 오픈 API을 사용할 때 인증절차를 거쳤던 것처럼, CFR API에서도 사용자 등록절차가 필요합니다. 이를 위해 네이버 개발자 센터 웹페이지(developers.naver.com/apps/#/wizard/register)로 이동하여 〈애플리케이션 등록하기〉 클릭하고 이용하고자 하는 애플리케이션을 다음의 그림(API 이용신청)과 같이 등록합니다.

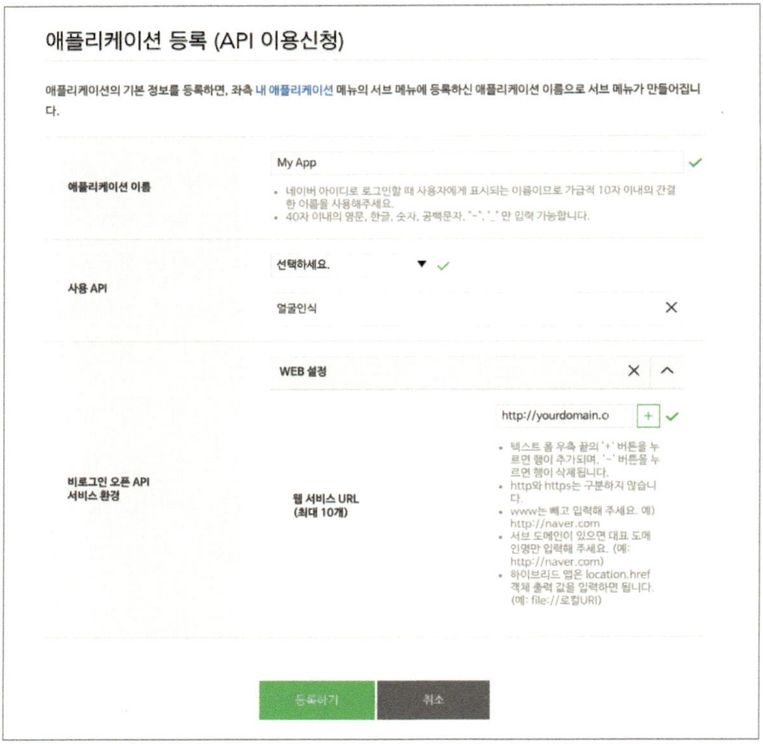

네이버 개발자 웹페이지를 열어보면 [애플리케이션 이름]을 입력하는 칸이 나옵니다. 여기에는 여러분의 연구주제나 프로젝트명 등 간결한 이름으로 입력해 줍니다(저자는 〈대통령 사진〉으로 작성). [사용 API]는 인공지능을 활용한 얼굴분석에 필요한 〈Clova Face Recognition〉를 선택해 줍니다. [비로그인 오픈 API 서비스 환경]은 별도의 인증과정없이 개발자 HTTP 헤더에 클라이언트 정보를 함께 전송하는 경우 이용하는 방식을 말합니다. 여러분이 개인적으로 이용한 사이트(예, 블로그 사이트) 정보 등을 입력해줍니다. 여러분이 신청한 애플리케이션이 정상적으로 등록되면 [Application > 내 애플리케이션] 메뉴에 여러분이 작성한 애플리

케이션 이름이 새롭게 생성됩니다. 이때 네이버 오픈 API와 동일하게 Client id와 Client secret 정보가 나오는데요. 차후 CFR API 이용 인증에 필요한 이용자 정보이니 별도 기록/저장해 놓기 바랍니다.

이제 CFR API 서버에서 얼굴인식 관련 인공지능 알고리즘을 이용하겠다는 요청을 보낼 단계입니다. 앞서 공부한 구글코랩 혹은 주피터 노트북(Jupiter Notebook) 등을 오픈하여 파이썬 코딩을 입력해주면 됩니다. 통상 미디어 커뮤니케이션 연구자는 뉴스 미디어에 등장한 정보원의 신분이 중요합니다. 한 국가에서 가장 가시성이 높은 정보원은 대통령이지요. 우리는 먼저 네이버 오픈 API로 노무현, 문재인 두 대통령 관련 보도사진(2개)을 검색하고 이들 보도사진에 등장한 정보원이 실제 노무현, 문재인 대통령이 맞는지 CFR의 〈유명인 얼굴인식 API〉를 활용해서 신분을 확인해 보겠습니다. 그런 다음 이들 정보원의 얼굴에 나타난 감정, 자세 관련 정보를 CFR의 〈얼굴감지 API〉로 분석해 보겠습니다.

친절하게도 네이버 개발자 센터에서는 CFR API에 관한 이용안내와 함께 파이썬 코딩예제를 제공하고 있습니다. 예제코딩을 보면 알 수 있듯이 우리가 분석하고자 하는 영상데이터 속의 정보원을 인공지능 알고리즘을 활용하여 유명인과 비교 · 확인해 호출하는 URL이 'https://openapi.naver.com/v1/vision/celebrity'이고, 영상데이터 속 정보원의 성별, 나이, 감정, 자세를 인공지능 알고리즘으로 분석하고자 할 때는 'https://openapi.naver.com/v1/vision/face'를 호출해야 함을 보여주고 있습니다. 〈얼굴감지 API〉는 영상데이터 속에 있는 사람의 얼굴위치를 식별한 후, 해당 사람의 성별, 나이, 감정, 자세 등을 분석해 줍니다.

특히 감정은 angry, disgust, fear, laugh, neutral, sad, surprise, smile, talking,[1]으로 분류해 주고, 자세(pose)는 사진속의 사람이 어떤 자세를 취하고 있는지를 part_face, false_face, sunglasses, frontal_face, left_face, right_face, rotate_face로 보여줍니다. 통상 미디어에 등장한 정보원이 정면을 응시할수록 수용자는 긍정적인 평가를 줍니다. 이 때문에 〈얼굴감지 API〉가 제공한 자세정보는 미디어 연구에 도움이 됩니다. 아울러 성별, 나이, 감정, 자세 지표별로 CFR API가 분류한 결과 값이 어느 정도 정확도를 갖는지는 0에서 1 사이의 실수로 표시해 주고 있어서 계량적인 사회과학 연구에 유용합니다.

1 'talking'은 사람의 스피치 상태를 나타내기 때문에 감정으로 분류하기 어려운 면이 있습니다.

```
import os
import sys
import requests
client_id ="YOUR_CLIENT_ID"
client_secret ="YOUR_CLIENT_SECRET"
# url = "https://openapi.naver.com/v1/vision/face" # 얼굴감지
url ="https://openapi.naver.com/v1/vision/celebrity" #유명인 얼굴인식
files ={'image': open ('YOUR_FILE_NAME','rb')}
headers ={'X-Naver-Client-Id': client_id ,'X-Naver-Client-Secret': client_secret }
response = requests .post (url ,  files =files , headers =headers )
rescode = response .status_code
if (rescode ==200 ):
    print (response .text )
else :
    print ("Error Code:"+ rescode )
```

그러면 1단계로 네이버 오픈 API로 검색한 노무현 대통령 이미지를 NOH_NH_1, 문재인 대통령 사진을 MJI_Sad_1로 각각 저장하고 이 사진에 나타난 정보원(대통령)이 실제로 해당 대통령인지를 인공지능으로 확인하는 절차를 진행하겠습니다. 2단계는 각각의 뉴스보도 사진의 정보원은 어떻게 묘사되고 있는지를 인공지능 알고리즘으로 분석한 성별, 나이, 감정, 자세정보를 해석해보겠습니다. CFR의 〈유명인 얼굴인식 API〉을 활용하여 뉴스보도사진에 등장한 정보원(노무현, 문재인 대통령)의 신분을 확인/비교하는 파이썬 코딩 입력내용과 그에 대한 분석결과는 다음과 같습니다(각각의 언론사 보도사진 호출 포함).

<노무현 대통령 사진 NOH_NH_1에 대한 유명인 얼굴인식 분석>

```
import os
import sys
import requests
import json


fig, ax = plt.subplots()
img = imread('C:/Users/nohil/NOH_NH_1.jpg') #노무현
ax.imshow(img)


client_id = "이용자 ID"
client_secret = "이용자 secret"
url = "https://openapi.naver.com/v1/vision/celebrity" # 유명인 얼굴인식

files = {'image': open('C:/Users/nohil/NOH_NH_1.jpg', 'rb')}
headers = {'X-Naver-Client-Id': client_id, 'X-Naver-Client-Secret': client_secret }
response = requests.post(url,  files=files, headers=headers)
rescode = response.status_code
if(rescode==200):
    print (response.text)
else:
    print("Error Code:" + str(rescode))
```

{"info":{"size":{"width":274,"height":350},"faceCount":1},"faces":[{"celebrity":{"value":"노무현","confidence":1.0}}]}

두 대통령을 보도한 사진을 인공지능 알고리즘을 호출하여 분석하기 위해 입력한 코딩내용을 보면, 일단 우리가 분석하고자 하는 사진을 한번 시각화해서 보여주고 있습니다. 또 결과정보는 사진의 크기, 유명인 이름과 확신(확률)정도를 JSON 형태로 나타내주고 있습니다. 실제 연합뉴스가 보도한 NOH_NH_1 사진 속의 정보원은 '노무현'일 확률이 100.0%(confidence: 1.0)이고, 뉴

<문재인 대통령 사진 MJI_MJI_Sad_1에 대한 유명인 얼굴인식 분석>

```
import os
import sys
import requests
import json


fig, ax = plt.subplots()
img = imread('C:/Users/nohil/MJI_Sad_1.jpg') #문재인
ax.imshow(img)


client_id = "이용자 ID"
client_secret = "이용자 secret"
url = "https://openapi.naver.com/v1/vision/celebrity" # 유명인 얼굴인식

files = {'image': open('C:/Users/nohil/MJI_Sad_1.jpg', 'rb')}
headers = {'X-Naver-Client-Id': client_id, 'X-Naver-Client-Secret': client_secret }
response = requests.post(url,  files=files, headers=headers)
rescode = response.status_code
if(rescode==200):
    print (response.text)
else:
    print("Error Code:" + str(rescode))
```

{"info":{"size":{"width":500,"height":381},"faceCount":1},"faces":[{"celebrity":{"value":"문재인","confidence":0.814346}}]}

시스가 보도한 MJI_MJI_Sad_1 사진의 정보원은 '문재인'일 확률은 88.4%(confidence: 0.81)이네요. 이처럼 뉴스 미디어의 정보원을 분석하는데 있어서 인공지능 플랫폼인 CFR의 〈유명인 얼굴인식 AIP〉를 이용하면 누가 얼마나 많은 빈도로 등장했는지를 정확히 판단할 수 있습니다.

다음으로 연합뉴스와 뉴시스 두 언론사가 보도한 노무현(NOH_

NH_1)과 문재인 (MJI_Sad_1)대통령 관련 사진이 어떠한 정보를 담고 있는지를 인공지능 플랫폼인 CFR의 〈얼굴감지 AIP〉를 활용하여 분석하겠습니다. 이러한 작업은 간단히 이미 훈련(학습)된 인공지능 알고리즘 기능을 호출하여 분석하는 것입니다. 즉 인공지능 플랫폼인 CFR의 〈얼굴감지 API〉를 호출하기 위해 https://openapi.naver.com/v1/vision/face에 접속하고 여기에 분석하고자 하는 사진 데이터를 적용해 보는 것이지요. 우리도 이러한 방식으로 2개의 보도사진, 즉 노무현 대통령(NOH_NH_1), 문재인 대통령(MJI_Sad_1) 관련 영상데이터를 CFR의 〈얼굴감지 API〉에 대입하여 해당 사진 속에 등장한 정보원의 성별, 나이, 감정, 자세에 관한 정보를 파악해 보겠습니다. 한편 CFR API는 분석결과를 텍스트 나열식(JSON 형태)으로 제공하기 때문에 필요한 데이터만 뽑아보기가 불편합니다. 이를 고려하여 분석결과를 해석하는 데 좀 가독성을 높이도록 'json_data=json.loads(response.text)'를 입력하여 성별/나이/감정/자세 정보만을 뽑아보도록 하였습니다. 이와 관련한 코딩내용과 결과는 다음과 같습니다.

<노무현 대통령 사진 NOH_NH_1에 대한 얼굴 감지 분석>

```
import os
import sys
import requests
import json


fig, ax = plt.subplots()
img = imread('C:/Users/nohil/NOH_NH_1.jpg') #노무현
ax.imshow(img)


client_id = "이용자 ID"
client_secret = "이용자 secret"
url = "https://openapi.naver.com/v1/vision/face" # 얼굴감지 분석

files = {'image': open('C:/Users/nohil/NOH_NH_1.jpg', 'rb')}
headers = {'X-Naver-Client-Id': client_id, 'X-Naver-Client-Secret': client_secret }
response = requests.post(url,  files=files, headers=headers)
rescode = response.status_code
if(rescode==200):
    print (response.text)
else:
    print("Error Code:" + str(rescode))

json_data = json.loads(response.text)

gender, gen_confidence = json_data['faces'][0]['gender'].values() # 성별
age, age_confidence = json_data['faces'][0]['age'].values() # 나이
emotion, emotion_confidence = json_data['faces'][0]['emotion'].values() # 감정
pose, pose_confidence = json_data['faces'][0]['pose'].values() # 얼굴 방향

result = """
성별: %s (%s)
나이: %s (%s)
감정: %s (%s)
방향: %s (%s)
""" % (
    gender, gen_confidence,
    age, age_confidence,
    emotion, emotion_confidence,
    pose, pose_confidence
)
print(result)
```

{"info":{"size":{"width":274,"height":350},"faceCount":1},"faces":[{"roi":{"x":81,"y":102,"width":154,"height":154},"landmark":{"leftEye":{"x":124,"y":155},"rightEye":{"x":191,"y":147},"nose":{"x":166,"y":188},"leftMouth":{"x":138,"y":228},"rightMouth":{"x":195,"y":220}},"gender":{"value":"male","confidence":0.999983},"age":{"value":"61~65","confidence":0.47988},"emotion":{"value":"laugh","confidence":0.543112},"pose":{"value":"frontal_face","confidence":0.995845}}]}

성별: male (0.999983)
나이: 61~65 (0.47988)
감정: laugh (0.543112)
방향: frontal_face (0.995845)

<문재인 대통령 사진 MJI_Sad_1.에 대한 얼굴 감지 분석>

```
import os
import sys
import requests
import json


fig, ax = plt.subplots()
img = imread('C:/Users/nohil/MJI_Sad_1.jpg') # 문재인
ax.imshow(img)


client_id = "이용자 id"
client_secret = "이용자 secret"
url = "https://openapi.naver.com/v1/vision/face" # 얼굴감지 분석

files = {'image': open('C:/Users/nohil/MJI_Sad_1.jpg', 'rb')}
headers = {'X-Naver-Client-Id': client_id, 'X-Naver-Client-Secret': client_secret }
response = requests.post(url,  files=files, headers=headers)
rescode = response.status_code
if(rescode==200):
    print (response.text)
else:
    print("Error Code:" + str(rescode))

json_data = json.loads(response.text)

gender, gen_confidence = json_data['faces'][0]['gender'].values() # 성별
age, age_confidence = json_data['faces'][0]['age'].values() # 나이
emotion, emotion_confidence = json_data['faces'][0]['emotion'].values() # 감정
pose, pose_confidence = json_data['faces'][0]['pose'].values() # 얼굴 방향

result = """
성별: %s (%s)
나이: %s (%s)
감정: %s (%s)
방향: %s (%s)
""" % (
    gender, gen_confidence,
    age, age_confidence,
    emotion, emotion_confidence,
    pose, pose_confidence
)
print(result)
```

{"info":{"size":{"width":500,"height":381},"faceCount":1},"faces":[{"roi":{"x":136,"y":117,"width":166,"height":166},"landmark":null,"gender":{"value":"male","confidence":0.999999},"age":{"value":"60~64","confidence":0.997202},**"emotion":{"value":"sad","confidence":1.0}**,"pose":{"value":"right_face","confidence":0.54054}}]}

성별: male (0.999999)
나이: 60~64 (0.997202)
감정: sad (1.0)
방향: right_face (0.54054)

연합뉴스와 뉴시스사가 각각 보도한 노무현 대통령(NOH_NH_1), 문재인 대통령(MJI_Sad_1) 사진에 대한 CFR의 〈얼굴감지 API〉가 분석한 결과를 보면, 인간이 판단하는 직관과 거의 유사한 결과를 보여주고 있습니다. 노무현 대통령(NOH_NH_1) 사진의 경우는 60대 초반의 남성이 정면을 바라보며 웃고(laugh) 있음을 보여주고 있습니다. 특히 인공지능(CFR)은 노무현 대통령이 완전히 웃고 있기 보다는 54.3%의 확률로 약간 웃는 모습임을 계량적인 수치로 보여주고 있습니다. 반면 문재인 대통령(MJI_Sad_1) 사진의 경우는 60대 초반의 남성이 오른쪽 얼굴을 보인 상태에서 상당히 슬픈(sad)표정을 하고 있음을 보여주었습니다.

이렇게 우리는 누구나 쉽게 또 뉴스 미디어 데이터를 검색할 수 있는 API를 알아보고 실제 보도기사를 검색해 봤습니다. 아울러 누구나 인공지능 알고리즘을 무료로 이용할 수 있는 CFR의 〈유명인 얼굴인식 API〉와 〈얼굴감지 API〉를 살펴보고, CFR의 인공지능 알고리즘을 호출하여 실제 언론사가 보도사진 데이터에 적용하여 분석하는 과정을 구현해 봤습니다. 다음부터는 국내 네이버가 아닌 구글의 OpenCV, 페이스북의 DeepFace 알고리즘을 활용한 보도사진 데이터 분석, 그리고 구글검색으로 확보한 대량의 얼굴인식 이미지 데이터를 가지고 여러분만의 인공지능 모형을 훈련(학습)시키는 내용까지 살펴보겠습니다. 거의 다 왔습니다. 포기하지 말고 계속해서 따라 오시기 바랍니다.

(3) OpenCV와 DeepFace 활용 뉴스 정보원 얼굴 감정분석

다음으로 뉴스 미디어가 보도한 사진 이미지를 공개된 인공지능 알고리즘으로 분석하는 두 가지 절차를 소개하겠습니다. OpenCV(Open Source Computer Vision)는 인텔사가 컴퓨터 비전을 목적으로 개발한 프로그래밍 라이브러리입니다. 케라스(Keras)는 파이썬으로 작성된 오픈소스 신경망 라이브러리입니다. 두 라이브러리 모두 영상 데이터를 분석하는 데 좋은 환경을 제공합니다. OpenCV는 Open Source Computer Vision의 단어 그대로 영상데이터 처리에 사용할 수 있는 공개된 라이브러리로서 컴퓨터가 사람의 눈처럼 영상정보를 인식하고 분석할 수 있게 해줍니다. 무엇보다 OpenCV가 인기있는 이유는 오픈소스이며 상업적으로도 사용할 수 있기 때문입니다. 우리도 OpenCV 라이브러리 기반으로 페이스북(Facebook)이 개발한 DeepFace 시스템을 활용하여 실제 뉴스 보도사진에 등장한 정보원의 얼굴표정을 분석해보겠습니다. 앞서 네이버 오픈 API로 수집한 보도사진(노무현 대통령 관련 보도사진)의 얼굴감정 인식(Face Emotion Recognition) 분석을 한다는 말입니다.

DeepFace는 2014년 페이스북 연구팀이 개발한 합성곱 신경망(9개의 층 구성) 모형입니다. 실제 여러분이 페이스북에서 친구사진을 올리면 그가 누구인지, 혹은 여러분이 누구의 페이스북에 태그(Tag)된 지를 바로 이 DeepFace가 97.35%의 정확도로 알려주고 있는 것입니다. DeepFace를 이용하면 얼굴확인(Face Verification), 얼굴인식(Face Recognition), 얼굴 태도분석(Facial Attribute Analysis), 실시간 얼굴분석(Real-Time Face Analysis)을 할 수 있는데요. DeepFace는 이미 수없이 많이 훈련(학습)한 합성곱 신경망이기 때문에 별도의 모형훈련절차없이 바로 사람의 얼굴인식과 감정분석을 진행할 수 있는 장점이 있습니다.

DeepFace는 구글코랩(혹은 주피터 노트북)에서 관련한 라이브러리를 간단히 호출(import)하고 분석하고자 하는 뉴스 미디어의 영상 이미지 데이터를 연동하면, 등장인물의 나이(age), 성별(gender), 인종(Asian, black, Indian, Latino Hispanic, middle eastern, white), 그리고 얼굴에 나타난 7가지 감정(anger, disgust, fear, joy, sadness, and surprise)과 지배적 감정(dominant_emotion)을 확률적인 수치로 제시해줍니다. 과거 연구자들의 눈(시각)과 직관에 의존하여 뉴스 보도사진의 영상 이미지를 분석했었지요. OpenCV와 DeepFace의 인공 신경망 모형을 이용하면 뉴스보도 사진에 등장한 정보원의 표정을 더 정확하게 계량화해서 분석할 수 있습니다. 이제부터 앞서 네이버 오픈 API로 수집한 노무현 대통령 관련 뉴스보도 사진 데이터를 분석해보겠습니다. 이 분석의 핵심은 뉴스 미디어의 보도사진 속 정보원은 어떠한 얼굴표정을 하고 있는지 인공 신경망 모형으로 살펴보는 데 있습니다. 다음과 같이 순서대로 따라와 주기 바랍니다.

```
# 구글코랩을 오픈하고 Drive Monut를 연동합니다.
fromgoogle.colab importdrive
drive.mount("/content/drive")
# OpenCV 라이브러리를 설치합니다.
pip install opencv-python
# DeepFace 라이브러리를 설치합니다.
pip install deepface
# 데이터 시각화 등에 필요한 라이브러리 Matplotlib를 설치합니다.
pip install matplotlib
fromdeepface importDeepFace
importcv2
importmatplotlib.pyplot asplt
```

다음으로는 위에서 스크롤링한 노무현 대통령 관련 뉴스보도 사진 2장을 각 NOH_NH_1과 NOH_NH_2으로 저장하고 차례차례 각각의 보도사진이 어떠한 감정을 담고있는지 살펴보겠습니다.

```
# 뉴스 보도사진 이미지를 읽어옵니다.
img = cv2.imread('NOH_MH_1.jpg')
# 이미지를 제대로 잘 불러왔는지 확인합니다.
# opencv에서는 RGB의 순서가 blue / red /green로 채널 순서가 다릅니다.
# 따라서 그냥 plt.imshow(img)로 이미지를 불러온다면 색이 다르게 나타나게 됩니다.
# 원본의 색을 그대로 불러오기 위해 cv2.cvtColor의 COLOR_BGR2RGB로 RGB순서를
  변경하여 불러옵니다. 그러면 아래와 같이 원본색을 얻을 수 있습니다.
plt.imshow(img)
<matplotlib.image.AxesImage at 0x7f642f7a1610>
```

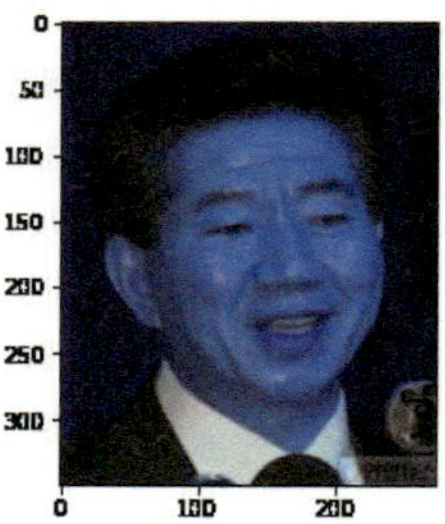

```
plt.imshow(cv2.cvtColor(img,cv2.COLOR_BGR2RGB))
<matplotlib.image.AxesImage at 0x7f642941d710>
```

이제는 언론사가 보도한 노무현 대통령 얼굴에 나타난 감정을 DeepFace로 분석할 차례입니다. DeepFace.analyze(img)를 emotion_result 변수로 설정하고 최종적인 얼굴감정 분석절차와 결과는 다음과 같습니다.

```
emotion_result = DeepFace.analyze(img)
emotion_result
```

```
{'age': 40, 'dominant_emotion': 'happy', 'dominant_race': 'asian', 'emotion': {'angry': 0.00972837588051334, 'disgust': 0.019322606385685503, 'fear': 5.347562208771706, 'happy': 94.00191903114319, 'neutral': 0.2935271942988038, 'sad': 0.3233422990888357, 'surprise': 0.004596959479385987}, 'gender': 'Man', 'race': {'asian': 98.45724124226078, 'black': 0.0034873726171127566, 'indian': 0.3912580198785043, 'latino hispanic': 1.0737567791334655, 'middle eastern': 0.0003135577652768521, 'white': 0.07393660772229937}, 'region': {'h': 193, 'w': 193, 'x': 62, 'y': 74}}
```

```
emotion_result['dominant_emotion']
```

```
happy
```

〈실제 보도기사〉

밝은 표정의 노무현당선자

입력 2002.12.20 오전 10:45

공감 댓글

노무현 대통령당선자가 20일 오전 국회의원회관에서 밝은 표정으로 내외신기자회견을 갖고 있다.

<저작권자 © 2002 연 합 뉴 스 무단전재-재배포 금지 >

DeepFace로 노무현 대통령에 관한 뉴스보도 사진 이미지(NOH_MH_1.jpg)를 분석한 결과를 보면, 사진속의 노무현 대통령은 40대의 아시안 남성이며, 주로 나타난 얼굴감정은 'happy' (94.00%)입니다. 흥미로운 점은 'happy' 다음으로 공포감 'fear'가 5.35%, 슬픔 'sad'가 0.32%가 함께있다는 점입니다. 미디어 연구자들이 함

께 살펴볼 수 있는 대목이 있겠지요. 같은 방식으로 노무현 대통령의 두 번째 뉴스보도 사진 이미지(NOH_MH_2.jpg)를 분석하는 동시에 이미지 속의 사람얼굴을 식별하고 여기에 지배적인 감정을 텍스트로 표시하는 코드를 작성해 보겠습니다. OpenCV는 사람의 얼굴, 눈 등에 대해 미리 훈련된 데이터를 XML 파일형식으로 제공하고 있습니다. 이를 활용하여 분석하고자 한 뉴스보도 사진 이미지 위에 얼굴위치를 표시(박스)하고 지배적인 감정(dominant emotion)을 텍스트로 나타내는 코딩절차는 아래와 같습니다.

```
faceCascade = cv2.CascadeClassifier(cv2.data.haarcascades + 'haarcascade_
frontalface_default.xml')

gray = cv2.cvtColor(img,cv2.COLOR_BGR2GRAY)
faces = faceCascade.detectMultiScale(gray,1.1,4)

for(x,y,w,h) infaces:
cv2.rectangle(img,(x,y),(x+w,y+h),(0,255,0),5)

# dominant emotion 감정 결과 텍스트 입력
font = cv2.FONT_HERSHEY_SIMPLEX
cv2.putText(img,
emotion_result['dominant_emotion'],
          (30,30),
font,1,
          (0,0,255), #BGR
          1,
cv2.LINE_4) ;

plt.imshow(cv2.cvtColor(img,cv2.COLOR_BGR2RGB))
<matplotlib.image.AxesImage at 0x7f6428d28d50>
```

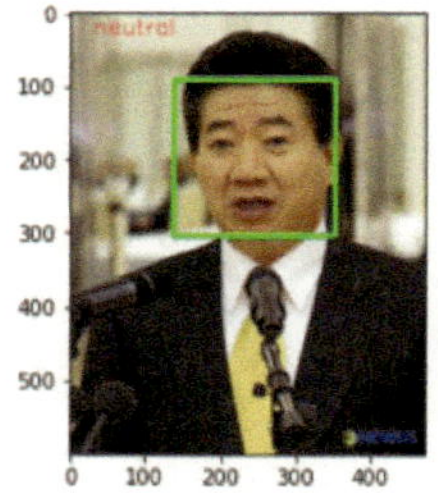

위에서 제시하고 있는 바와 같이 노무현 대통령 보도사진 이미지(NOH_MH_2.jpg) 중 얼굴위치는 초록색 박스영역이며 이 얼굴에 나타난 지배적인 감정은 중립적(neutral)임을 알 수 있습니다. 실제 보도사진의 제목도 '만찬장에서 인사말 하는 노무현 대통령'입니다. 즉 뉴시스사는 보도기사의 정보원인 노무현 대통령의 중립적인 감정상태를 중심으로 기사화했음을 알 수 있습니다.

(4) Keras와 FER-2013 데이터 세트활용 얼굴 감정분석

다음으로는 파이썬으로 작성된 오픈 소스 신경망 라이브러리인 케라스(Keras: the Python deep learning API)와 FER-2013 데이터 세트를 활용하여 사람의 얼굴식별과 감정을 분석하는 절차를 알아보겠습니다. Keras는 이용자가 쉽게 신경망을 구현할 수 있는 상위 레벨의 인터페이스 환경을 제공합니다. Keras는 기계가 아닌 인간을 위한 API(designed for human beings, not machines)로 범용적인 라이브러리입니다. 딥러닝 아이디어 모형설계와 모형훈련, 분석결과 시각화 등에 강점이 있기 때문에 사용자 친화적이고, 또 다양한 신경망 모듈을 블록형식으로 쌓을 수 있어 확장 가능성이 좋습니다. 우리도 Keras 기반의 Facial emotional detection 알고리즘과 FER-2013 데이터 세트를 활용하여 한 차원 높은 얼굴감정 분석절차를 알아보겠습니다.

출처: datarepository.wolframcloud.com/resources/FER-2013

FER-2013은 사람얼굴에 나타난 미세한 표정을 CNN 알고리즘으로 탐지(Prediction System of Micro-Expressions Face)하는 데 유용한 데이터 세트입니다. FER-2013은 실제 구글에서 감정(혹은 감정 관련) 키워드로 검색하여 확보한 현실 세계의 사진들입니다. FER 2013 데이터 세트가 가진 강점은 구글에서 추출한 실제 사진들에 라벨(7가지 감정: happy, sad, angry, afraid, surprise, disgust, and neutral)을 붙여 누구나 인공지능 모형을 훈련할 수 있도록 한 것에 있습니다. 48×48의 흑백 얼굴사진들(grayscale images of faces)로 구성된 FER-2013 데이터 세트는 훈련 데이터가 28,709개, 테스트 데이터가 3,589개로 총 32,298개의 데이터를 가지고 있습니다. 7개의 감정별로 사진 이미지 숫자는 아래와 같습니다.

감정	angry	disgust	fear	happy	neutral	sad	surprise
수량	958	111	1,024	1,774	1,233	1,247	831

FER-2013 데이터 세트를 보면 disgust, surprise, angry 감정섹터는 상대적으로 과소표집된 상태입니다. 하지만 정면을 바라보지 않은 포즈를 포함해 안경을 쓴 얼굴사진도 있습니다. 실제 구글검색을 통해서 수집한 얼굴사진이기 때문에 안경을 쓴 경우, 얼굴을 손으로 가리거나 고개를 숙이고 있는 모습 등 실제 인간삶 속의 현실적인 얼굴모습을 담고있는 것이지요. 그래서 실용성이 큰 데이터 세트입니다. 인공 신경망 분석에 숙달된 사람이라면 본인이 직접 FER-2013 데이터를 가지고 얼굴 감정인식 신경망 모형을 구축하고, 모형의 성능을 개선할 수 있을 것입니다. 이뿐만 아니라 훈련한 모형을 다른 영역에도 transfer learning 형식으로 응용할 수 있겠지요. 이처럼 Face Emotion Detection을 좀 더 깊이 알아보고 응용하고 싶으면 'kaggle.com/code/aayushmishra1512/emotion-detector/notebook'을 참고하기 바랍니다. 이 사이트에는 FER-2013 데이터를 가지고 앞서 우리가 개설한 구글코랩과 Keras 라이브러리를 활용하여 신경망 모형을 구성하고 훈련하는 절차를 담고 있습니다. 더 깊게 인공 신경망을 구현하고자 하는 분들은 공개된 이 자료를 적극적으로 활용하시기 바랍니다.

```
import numpy as np # linear algebra
import pandas as pd # data processing, CSV file I/O (e.g. pd.read_csv)
import os
import matplotlib.pyplot as plt
import seaborn as sns
import tensorflow as tf
import keras
from keras.preprocessing import image
from keras.models import Sequential
from keras.layers import
Conv2D,MaxPool2D,Flatten,Dense,Dropout,BatchNormalization
from tensorflow.keras.preprocessing.image import ImageDataGenerator
import cv2
from tensorflow.keras.applications import VGG16,InceptionResNetV2
from keras import regularizers
from tensorflow.keras.optimizers import Adam,RMSprop,SGD,Adamax

train_dir ="../input/emotion-detection-fer/train"#passing the path with training
images
test_dir ="../input/emotion-detection-fer/test"    #passing the path with testing
images

img_size =48 #original size of the image

train_datagen =ImageDataGenerator(#rotation_range = 180,
                                         width_shift_range =0.1,
                                         height_shift_range =0.1,
                                         horizontal_flip = True,
                                         rescale =1./255,
                                         #zoom_range = 0.2,
                                         validation_split =0.2
                                        )
 validation_datagen =ImageDataGenerator(rescale =1./255,
                                         validation_split =0.2)

train_generator =train_datagen.flow_from_directory(directory =train_dir,
                                                    target_size =(
img_size,img_size),
                                                    batch_size =64,
                                                    color_mode ="grayscale",
                                                    class_mode ="categorical",
                                                    subset ="training"
                                                   )
 validation_generator =validation_datagen.flow_from_directory(directory =test_dir,
                                                              target_size =(
img_size,img_size),
                                                              batch_size =64,
                                                              color_mode
="grayscale",
                                                              class_mode
="categorical",
                                                              subset ="validation"
                                                             )
```

```
"""
Modeling

model = Sequential()
model.add(Conv2D(filters = 64,kernel_size = (3,3),padding = 'same',activation =
'relu',input_shape=(img_size,img_size,1)))
model.add(MaxPool2D(pool_size = 2,strides = 2))
model.add(BatchNormalization())

model.add(Conv2D(filters = 128,kernel_size = (3,3),padding = 'same',activation =
'relu'))
model.add(MaxPool2D(pool_size = 2,strides = 2))
model.add(BatchNormalization())
model.add(Dropout(0.25))

model.add(Conv2D(filters = 128,kernel_size = (3,3),padding = 'same',activation =
'relu'))
model.add(MaxPool2D(pool_size = 2,strides = 2))
model.add(BatchNormalization())
model.add(Dropout(0.25))

model.add(Conv2D(filters = 256,kernel_size = (3,3),padding = 'same',activation =
'relu'))
model.add(MaxPool2D(pool_size = 2,strides = 2))
model.add(BatchNormalization())
model.add(Flatten())
model.add(Dense(units = 128,activation = 'relu',kernel_initializer='he_normal'))
model.add(Dropout(0.25))
model.add(Dense(units = 64,activation = 'relu',kernel_initializer='he_normal'))
model.add(BatchNormalization())
model.add(Dropout(0.25))
model.add(Dense(units = 32,activation = 'relu',kernel_initializer='he_normal'))
model.add(Dense(7,activation = 'softmax'))

"""

model=tf.keras.models.Sequential()

model.add(Conv2D(32,kernel_size=(3,3),padding='same',activation='relu',input_shape
=(48,48,1)))
 model.add(Conv2D(64,(3,3),padding='same',activation='relu'))
 model.add(BatchNormalization())
 model.add(MaxPool2D(pool_size=(2,2)))
 model.add(Dropout(0.25))

 model.add(Conv2D(128,(5,5),padding='same',activation='relu'))
 model.add(BatchNormalization())
 model.add(MaxPool2D(pool_size=(2,2)))
 model.add(Dropout(0.25))

model.add(Conv2D(512,(3,3),padding='same',activation='relu',kernel_regularizer=regul
arizers.l2(0.01)))
```

```
 model.add(BatchNormalization())
 model.add(MaxPool2D(pool_size=(2,2)))
 model.add(Dropout(0.25))

model.add(Conv2D(512,(3,3),padding='same',activation='relu',kernel_regularizer=regul
arizers.l2(0.01)))
 model.add(BatchNormalization())
 model.add(MaxPool2D(pool_size=(2,2)))
 model.add(Dropout(0.25))

 model.add(Flatten())
 model.add(Dense(256,activation ='relu'))
 model.add(BatchNormalization())
 model.add(Dropout(0.25))

 model.add(Dense(512,activation ='relu'))
 model.add(BatchNormalization())
 model.add(Dropout(0.25))

 model.add(Dense(7,activation='softmax'))

 model.compile(
    optimizer = Adam(lr=0.0001),
    loss='categorical_crossentropy',
    metrics=['accuracy']
  )

 epochs =60
 batch_size =64

model.summary()

history =model.fit(x =train_generator,epochs =epochs,validation_data
=validation_generator)

fig ,ax =plt.subplots(1,2)
 train_acc =history.history['accuracy']
 train_loss =history.history['loss']
 fig.set_size_inches(12,4)

 ax[0].plot(history.history['accuracy'])
 ax[0].plot(history.history['val_accuracy'])
 ax[0].set_title('Training Accuracy vs Validation Accuracy')
 ax[0].set_ylabel('Accuracy')
 ax[0].set_xlabel('Epoch')
 ax[0].legend(['Train','Validation'],loc='upper left')

 ax[1].plot(history.history['loss'])
 ax[1].plot(history.history['val_loss'])
 ax[1].set_title('Training Loss vs Validation Loss')
 ax[1].set_ylabel('Loss')
 ax[1].set_xlabel('Epoch')
 ax[1].legend(['Train','Validation'],loc='upper left')
```

```
plt.show()]
```

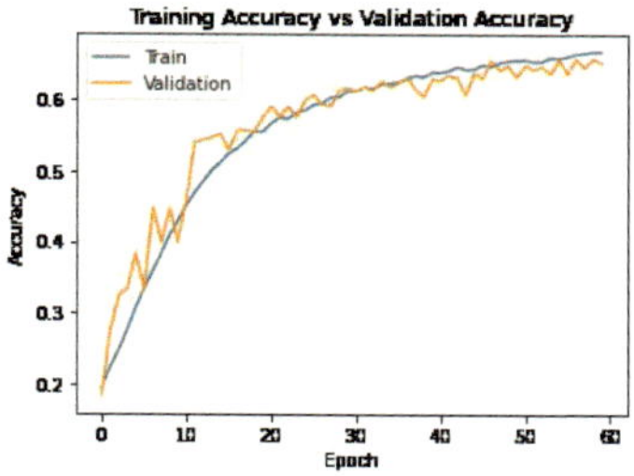

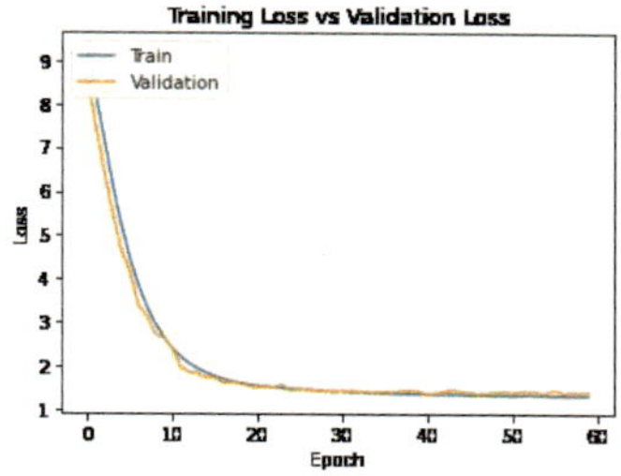


```
model.save('model_optimal.h5')

img
=image.load_img("../input/emotion-detection-fer/test/happy/im1021.png",target_size
=(48,48),color_mode ="grayscale")
 img =np.array(img)
 plt.imshow(img)
 print(img.shape)#prints (48,48) that is the shape of our image

label_dict ={0:'Angry',1:'Disgust',2:'Fear',3:'Happy',4:'Neutral',5:'Sad',6:'Surprise'}

img_index =result.index(max(result))
 print(label_dict[img_index])
 plt.show()

train_loss,train_acc =model.evaluate(train_generator)
 test_loss,test_acc    =model.evaluate(validation_generator)
 print("final train accuracy = {:.2f} , validation accuracy =
{:.2f}".format(train_acc*100,test_acc*100))

final train accuracy = 71.73 , validation accuracy = 65.22

model.save_weights('model_weights.h5')
```

끝으로 인공지능을 활용한 뉴스 미디어 영상이미지, 특히 사람의 얼굴감정을 분석하는데 유용한 데이터 세트를 소개하며, 앞으로 진행가능한 뉴스 미디어의 이미지 데이터 활용연구의 활성화를 제언하고자 합니다. 통상 인간의 얼굴감정 분석은 얼굴탐색, 표정분류 즉 a) face detection, b) facial expression detection, c) expression classification]로 진행하여, 기본감정[basic emotions: anger, disgust, fear, joy, sadness, and surprise]과 복합감정[compound emotions: happily sad, happily surprised, happily disgusted, sadly fearful, sadly angry, sadly surprised]을 세부적으로도 분류할 수 있습니다. 사실 이러한 감정은 이미지에 나타난 표정을 토대로 인간의 감정을 인공 신경망이 높은 수준의 확률로 분류한 것입니다. 반면 ECG, EGG 등 생리학적(physiological) 신호정보, 즉 인간의 생리학적 지표를 토대로 인간의 감정을 인식(human emotions recognition)한 데이터 세트도 있습니다. 이런 데이터는 심장박동, 뇌파 등의 변화와 감정상태를 연계해 본 데이터들이기 때문에 헬스 커뮤니케이션 전공자들이 주목할 필요가 있을 것입니다. 현재 인간의 감정을 인공지능 알고리즘으로 분석하는데 유용한 8가지 데이터 세트를 소개하니 연구에 참고바랍니다.

데이터 세트	특징	인터넷 주소
Emotic	26가지 감정과 valence, arousal, dominance 차원 분류	http://sunai.uoc.edu/emotic/index.html
AffectNet	10만 개의 얼굴 이미지, 7개 감정과 valence, arousal 차원 분류	http://mohammadmahoor.com/affectnet
FER 2013	48*48 픽셀 이미지, 7개 감정분류	https://www.kaggle.com/msambare/fer2013
ASCERTAIN	EEG, ECG, CSR 등 58명 (평균나이 30세) 바이오 센터 데이터 세트 (sensor based data)	http://mhug.disi.unitn.it/wp-content
Extended Cohn-Kanade dataset(CK+)	123명의 감정 8가지 변화 (neutral to peak expression) 데이터 세트	https://paperswithcode.com/dataset/ck https://www.kaggle.com/c/visum-facial
DREAMER	23명의 EEG, ECG 신호와 valence, arousal, dominance 차원 자기평가 데이터	https://zenodo.org/record/546113#.YLY
Google Facial Expression Comparison	대규모 얼굴 표정 데이터으로 각 이미지에 대해서는 6명 이상의 평가자 주석 포함(심층 표정 연구 가능)	https://research.google/tools/datasets/google-facial-expression
K-EmoCon	자연스러운 대화 중 확보한 멀티 센서 기반 얼굴 표정 데이터 세트	https://zenodo.org/record/3762962#.YuK6wilBwQ-

지금까지 우리는 이 책을 통해 인문사회학적 배경지식을 가진 미디어와 커뮤니케이션 전공자 관점에서 인공지능을 이해하고자 노력했습니다. IT 전공자나 개발자 등 데이터 사이언스의 전문성 측면에서 보면 이 저서는 기초적인 입문서 성격이 클 것입니다. 기초적이지만 인공지능의 기본적인 정의와 개념, 등장배경과 역사, 인공 신경망(ANN), 합성곱 신경망(CNN), 순환 신경망(RNN), 생성적 대립 신경망(GAN), 구글코랩(google colab) 활용법, 그리고 실제 뉴스보도 사진 데이터(이미지) 분석절차까지 살펴봤습니다. 인

공지능 지식에 대한 원론적인 이해와 더불어 네이버 오픈 API, CFR API, OpenCV, DeepFace, FER-2013 등을 활용하여 실제 뉴스 정보원의 얼굴 이미지 데이터를 수집하고 이에 나타난 감성을 분석을 해봤는데요. 물론, '첫술에 배부르랴'란 말처럼 이 책이 모든 인공지능 지식을 전달하지는 못할 것입니다.

하지만 급변하는 인공지능 시대에 좌충우돌할 미디어와 커뮤니케이션 등 인문학 배경의 전공자들이 인공지능의 핵심원리와 개념을 이해하고 각자의 연구분야에 AI를 활용하거나 응용할 수 있다는 '인공지능 이용 자기효능감(AI Use Self-efficacy)'이 조금이라도 높아진다면 이 책의 소명을 다했다고 생각합니다. 거대한 파고로 다가오는 인공지능시대는 이미 와있는 미래입니다. 수학적으로 정교한 인공지능 프로그램개발 등은 IT 전문가에 맡기더라도 이를 활용하여 현실의 문제를 해결하고 응용하는 데는 인문사회학적 식견을 갖춘 여러분의 역할이 필요합니다. 이 책을 통해 미디어 커뮤니케이션 등 다양한 인문사회과학 분야에 인공지능활용 연구가 활성화하길 기대합니다. 그래서 우리 사회가 풀지 못하는 문제를 인공지능 기술을 응용하여 해결함으로써 미래 세대의 삶이 더 가치 있고 풍요로워지길 기원합니다. 거센 인공지능의 바다로 뛰어드는 여러분의 무운을 빌며 이글을 마칩니다. 끝까지 함께 해준 여러분 고맙습니다.

참고문헌

감동근 (2016). 바둑으로 읽는 인공지능. 서울: 동아시아.

권건우 (2020). 야사와 만화로 배우는 인공지능 1, 2. 서울: 루나파인북스.

김광호 외 (2020). AI 시대의 미디어. 파주: 북스타.

김대원 · 김범진 (2016). 알파고와 이세돌대국이 지적(知的) 업무로의 인공지능 도입에 대한 인식에 미친 영향 탐색. 사이버커뮤니케이션학보, 33(4), 107-158.

김시원 · 윤성로 · 김용대 (2021). 인공지능의 작동원리와 설명가능성에 대하여: 고급 인공지능 학습 및 해석/설명방법론. 〈인공지능 원론: 설명가능성을 중심으로〉. 서울: 박영사.

김정환 · 박노일 (2022). 비전공자의 인공지능(AI) 입문. 서울: 도서출판 홍릉.

대전교통공사 (2021. 6.). 인공지능 데이터 구축 – 활용 가이드라인: 지하철 역사 내 CCTV 이상행동 영상 소개. 서울: 한국지능정보사회진흥원.

미디어그룹 사람과 숲 (2021. 6.). 인공지능 데이터 구축 – 활용 가이드라인: 화재 발생 예측 영상 소개. 서울: 한국지능정보사회진흥원.

박노일 · 정지연 (2021). 인공지능(AI) 분석과 PR 연구 방향 탐색. 한국PR학회 학술대회자료집, 91-92.

박대민 (2021). 방송 동영상 기반 인공지능 학습데이터 구축과 PR 분야에서 인공지능의 활용 가능성. 2021 한국PR학회 가을철 정기 학술대회, 4-5.
박대민 (2022). 미디어 인공지능: 컴퓨터 비전 관련 딥러닝 모델의 미디어 동영상 분야 적용 가능성에 관한 연구. 커뮤니케이션 이론, 18(1), 111-154.
박해선 (2021). 혼자 공부하는 머신러닝+딥러닝. 서울: 한빛미디어.
사이토 코기 (2017). 밑바닥부터 시작하는 딥러닝(개앞맵시(이복연) 역). 서울: 한빛미디어
신학승 (2021). 신경과학개론[24332]. 차의과학대학교 2021학년도 2학기.
아즈마 유키나가 (2020). 처음 만나는 AI 수학 파이썬(유세라 역). 서울: 영진닷컴
안명옥 (2021). AI 융합 · 확산을 위한 선결 과제와 대응방안. AI Trend Watch 2021-1호.
윤호영 (2021). 사람에서 컴퓨터 자동화로의 연결을 위한 탐색: 객체인식(Object Detection) 딥러닝 알고리즘 YOLO4, 자세 인식(Pose Detection) 프레임워크 MediaPipe를 활용한 음악 프로그램의 여성 신체 대상화, 선정적 화면 검출 연구.한국언론학보, 65(6), 452-481.
이동근 (2022. 6. 26.). 재활용쓰레기 분류 AI로봇이 척척. 전자신문.
임종수 · 신민주 · 문훈복 · 윤주미 · 정태영 · 이연주 · 유승현 (2017). AI 로봇 의인화 연구: '알파고' 보도의 의미네트워크분석. 〈한국언론학보〉, 61(4), 111-142.
임창환 (2020). 브레인 3.0: 뇌공학자가 그리는 뇌의 미래. 서울: 엠아이디미디어.
정두희 (2020). 3년후AI 초격차시대가 온다. 서울: 청람출판.
조성준 (2016. 3. 15.). 이세돌, 5국 이겨도 상금 고작 2억… 알파고 홍보효과는 1000억. 이투데이.
장병탁 (2018). 인간지능과 기계지능 – 인지주의 인공지능. 정보과학회지 36(1), 27-36.
정병희 (2020). 신뢰할 수 있는 방송 · 미디어와 AI. 방송과 미디어,

25(1), 42-48.

차영란 (2018). 광고 및 미디어 산업 분야의 인공지능(AI) 활용 전략: 심층인터뷰를 중심으로. 한국콘텐츠학회논문지, 18(9), 102-115.

채진석 (2021). 파이썬을 이용한 데이터분석의 정석. 부천: 루비페이퍼.

최윤정 · 정유진 · 김민정 · 윤호영 · 김나영 · 첸루 · 김나영 · 여은 · 이주희 · 신주연 · 강제원 (2021). 19대 대선 TV토론에 대한 방송뉴스 영상의 균형성, 진실성 연구: 심층학습 기반 동영상 처리 알고리즘을 통한 후보자들의 등장빈도, 표정, 응시방향 분석. 방송통신연구, 봄호, 113-157.

한국과학기술원(2021.2). 인공지능 데이터 구축 활용 가이드라인: 감정인식 및 요약영상 AI 데이터. URL: https://aihub.or.kr/aidata/27717.

한국교육방송공사 (2021). EBS 수학과 함께하는 고교 AI 입문. 서울: 한국교육방송공사(EBSi).

홍순기 (2021). AI 기반 자동 편집 기술 동향. 방송과 미디어, 26(1), 76-96.

Aggarwal, A., Mittal, M., & Battineni, G. (2021). Generative adversarial network: An overview of theory and applications. International Journal of Information Management Data Insights, 1(1), Article 100004.

Andrew. N. (February 20, 2019). "Announcing Nova Ng, our first daughter. Plus, some thoughts on the AI-powered world she will grow up in..." @AndrewYNg. Retrieved May 7, 2022.

Behnke, S. (2003). Hierarchical Neural Networks for Image Interpretation. Springer-VerlagBerlin, Heidelberg.

BuzzFeedVideo (2018. 4. 17). You Won't Believe What Obama Says In This Video! URL: youtube.com/watch?v=cQ54GDm1eL0.

Carreira, J., & Zisserman, A. (2017). Quo vadis, action recognition?

A new model and the kinetics dataset. Paper presented at the IEEE Conference on Computer Vision and Pattern Recognition.

Cho, M.-H. (2021). A Study on the History, Classification and Development Direction of Artificial Intelligence. The Journal of the Korea Institute of Electronic Communication Sciences, 16(2), 307-312.

Domingos, P. (2016). Machine Learning and the Master Algorithm. @ The Library of Economics and Liberty. Retrieved March 7, 2021.

Fajtl, J., Sokeh, H. S., Argyriou, V., Monekosso, D., & Remagnino, P. (2018, December). Summarizing videos with attention. Paper presented at the Asian conference on computer vision.

Falcon. W. (2018). Chief AI Officer - 7 Reasons Why Your Company Needs One. Forbes(july 30)

Feichtenhofer, C., Fan, H., Malik, J., & He, K. (2019). Slowfast networks for video recognition. Paper presented at the IEEE/CVF international conference on computer vision.

Fukushima, K. (1980). Neocognitron: A self-organizing neural network model for a mechanism of pattern recognition unaffected by shift in position. Biol. Cybernetics 36, 193-202.

Goodfellow, I., Bengio, Y., & Courville, A. (2016). Deep learning. Cambridge, Massachusetts: The MIT Press.

Goodfellow, I., Pouget-Abadie, J., Mirza, M., Xu, B., Warde-Farley, D., Ozair, S., ... & Bengio, Y. (2014). Generative adversarial nets. Advances in neural information processing systems, 27.

Goodfellow, I. J., Erhan, D., Carrier, P. L., Courville, A., Mirza, M., Hamner, B., Cukierski, W., Tang, Y., Thaler, D., Lee, D. H., Zhou, Y., Ramaiah, C., Feng, F., Li, R., Wang, X., Athanasakis, D., Shawe-Taylor, J., Milakov, M., Park, J., Ionescu,

R., Popescu, M., Grozea, C. Bergstra, J., Xie, J., Romaszko, L., Xu, B., Chuang, Z., & Bengio, Y. (2013, November). Challenges in representation learning: A report on three machine learning contests. Paper presented at the international conference on neural information processing, Berlin, Heidelberg

Hawkins, Jeff (2021). A Thousand Brains: A New Theory of Intelligence. New York: Basic Books.

Herculano-Houzel S. (2012). The remarkable, yet not extraordinary, human brain as a scaled-up primate brain and its associated cost. Proceedings of the National Academy of Sciences of the United States of America, 109 Suppl 1(Suppl 1), 10661-10668.

Hinton, G. E., Osindero, S., & Teh, Y. W. (2006). A fast learning algorithm for deep belief nets. Neural computation, 18(7), 1527-1554.

Hochreiter, S., & Schmidhuber, J. (1997). Long short-term memory. Neural Computation, 9(8), 1735-1780. https://doi.org/10.1162/neco.1997.9.8.1735

Hubel, D. H., & Wiesel, T. N. (1962). Receptive fields, binocular interaction and functional architecture in the cat's visual cortex. The Journal of physiology, 160(1), 106-154.

Johnson, D. G., & Verdicchio, M. (2017). AI anxiety. Journal of the Association for Information Science and Technology, 68(9), 2267-2270.

Karen, S., & Andrew, Z. (2015). Very deep convolutional networks for large-scale image recognition. International Conference on Learning Representations.

Kell, A.J.E., Yamins, D.L.K., Shook, E.N., Norman-Haignere, S.V., McDermott, J.H. (2018) A task-optimized neural network replicates human auditory behavior, predicts brain responses, and reveals a cortical processing hierarchy. Neuron, 98, 630-

644.

Krizhevsky, Alex & Sutskever, Ilya & Hinton, Geoffrey. (2012). ImageNet Classification with Deep Convolutional Neural Networks. Neural Information Processing Systems. 25. 10.1145/3065386.

LeCun, Y. et al. (1989). Backpropagation Applied to Handwritten Zip Code Recognition. in Neural Computation, 1(4), 541-551.

LeCun, Y., Boser, B., Denker, J. S., Henderson, D., Howard, R. E., Hubbard, W., & Jackel, L. D. (1989). Backpropagation applied to handwritten zip code recognition. Neural computation, 1(4), 541-551.

LeCun, Y., Bottou, L., Bengio, Y., & Haffner, P. (1998). Gradient-based learning applied to document recognition. in Proceedings of the IEEE, 86(11), 2278-2324.

Ledro, C., Nosella, A. and Vinelli, A. (2022). Artificial intelligence in customer relationship management: literature review and future research directions. Journal of Business & Industrial Marketing, 37(13), 48-63.

Li, Fei-Fei, Justin Johnson, and Serena Yeung. 2017. Lecture 10: Recurrent neural networks. http://cs231n.stanford.edu/slides/2017/cs231n_2017_lecture10.pdf.

Li, J., Deng, L., Gong, Y., & Haeb-Umbach, R. (2014). An overview of noise-robust automatic speech recognition. IEEE/ACM Transactions on Audio, Speech, and Language Processing, 22(4), 745-777.

Llinás, R. R. (2003). The contribution of Santiago Ramon y Cajal to functional neuroscience. Nature Reviews Neuroscience, 4(1), 77-80.

López-Muñoz, F., Boya, J., & Alamo, C. (2006). Neuron theory, the cornerstone of neuroscience, on the centenary of the Nobel

Prize award to Santiago Ramón y Cajal Brain Research Bulletin, 70 (4–6), 391–405.

Mao, F., Wu, X., Xue, H., & Zhang, R. (2018). Hierarchical video frame sequence representation with deep convolutional graph network. Paper presented at the European conference on computer vision workshops.

Matsmoto, D. (1992). American–Japanese cultural differences in the recognition of universal facial expressions. Journal of Cross–Culture Psychology, 23(1), 72–84.

Mehendale, N. (2020). Facial emotion recognition using convolutional neural networks (FERC). SN Applied Sciences, 2, Article number: 446.

Mnih, V., Kavukcuoglu, K., Silver, D., Graves, A., Antonoglou, I., Wierstra, D., & Riedmiller, M. (2013). Playing atari with deep reinforcement learning. arXiv preprint arXiv:1312.5602.

Minsky M. L. & Papert S. A. 1969. Perceptrons. Cambridge, MA: MIT Press.

Noh, H., Araujo, A., Sim, J., Weyand, T., & Han, B. (2017). Largescale image retrieval with attentive deep local features. Paper presented at the IEEE international conference on computer vision.

Poole, D., Mackworth, A., & Goebel, R. (1998). Computational Intelligence: A Logical Approach. New York: Oxford University Press.

Purington, A., Taft, J. G., Sannon, S., Bazarova, N., & Taylor, S. H. (2017). "Alexa is my new BFF": Social roles, user satisfaction, and personification of the Amazon Echo. Proceedingsof the 2017 CHI Conference Extended Abstracts on Human Factors.

Rashid, T. (2016). Make Your Own Neural Network CreateSpace Independent Publishing Platform.

Redmon, J., Divvala, S., Girshick, R., & Farhadi, A. (2016). You only look once: Unified, real-time object detection. In Proceedings of the IEEE conference on computer vision and pattern recognition (pp.779-788).

Richardson, W. Michael (2019). How Much Energy Does the Brain Use? BrainFacts.org

Rosenblatt, Frank (1958), The Perceptron: A Probabilistic Model for Information Storage and Organization in the Brain, Cornell Aeronautical Laboratory, Psychological Review, 65(6), p.386-408.

Rumelhart, D. E., Hinton, G. E., & Williams, R. J. (1986). Learning representations by back-propagating errors. Nature, 323 (6088), 533-536.

Russell, S., & Norvig, P. (2021). Artificial Intelligence: A Modern Approach (Pearson Series in Artifical Intelligence) 4th Edition. Pearson.

Samuel, A. L. (2000). Some studies in machine learning using the game of checkers. IBM Journal of Research and Development. 44, 206-226.

SAS (2022). Artificial Intelligence: What it is and why it matters. Available online: https://www.sas.com/en_us/insights/analytics/what-is-artificial-intelligence.html

Silver, D., Huang, A., Maddison, C. et al. Mastering the game of Go with deep neural networks and tree search. Nature 529, 484-489 (2016). https://doi.org/10.1038/nature16961

Simard, P., Steinkraus, D., & Platt, J. C. (2003). Best practices for convolutional neural networks applied to visual document analysis. Seventh International Conference on Document Analysis and Recognition, 2003. Proceedings., 958-963.

Sultani, W., Chen, C., & Shah, M. (2018). Real-world anomaly detection in surveillance videos. Paper presented at the IEEE conference on computer vision and pattern recognition.

Surya, S., Setlur, A., Biswas, A., & Negi, S. (2020). ReStGAN: A step towards visually guided shopper experience via text-to-image synthesis. In Proceedings of the IEEE/CVF Winter Conference on Applications of Computer Vision (pp. 1200-1208).

Taigman, Y., Yang, M., Ranzato, M. A., & Wolf, L. (2014). Deep-face: Closing the gap to human-level performance in face verification. In Proceedings of the IEEE conference on computer vision and pattern recognition (pp. 1701-1708).

TechCrunch(2020). Facilitating Human-Robot Interaction | TC Sessions: Robotics + AI 2020

Wang, J., Sun, K., Cheng, T., Jiang, B., Deng, C., Zhao, Y., Liu, D., Mu, Y., Tan, M., Wang, X., Liu, W. & Xiao, B. (2020). Deep high-resolution representation learning for visual recognition. Paper presented at the IEEE transactions on pattern analysis and machine intelligence.

Weyand, T., Araujo, A., Cao, B., & Sim, J. (2020). Google land-marks dataset v2-a large-scale benchmark for instance-level recognition and retrieval. Paper presented at the IEEE/CVF conference on computer vision and pattern recognition.

Wikipedia (2022). 합성곱. https://ko.wikipedia.org/wiki/합성곱

Yan, Chao & Zhang, Bailing & Coenen, Frans. (2015). Driving posture recognition by convolutional neural networks. 10.1109/ICNC.2015.7378072.

Yosinski, J., Clune, J., Bengio, Y., & Lipson, H. (2014). How transferable are features in deep neural networks?. in Ad-vances in Neural Information Processing Systems 27 (NIPS '14), 1-5.

Zhang, H., Xu, T., Li, H., Zhang, S., Wang, X., Huang, X., Metaxas, D. N. (2019). StackGAN++: Realistic Image Synthesis with Stacked Generative Adversarial Networks. IEEE Transactions on Pattern Analysis and Machine Intelligence, 41, 1947–1962.

찾아보기

ㄱ

가우시안 분포 124
가중치 50
감성분류 103
강인공지능(Strong AI) 26
강화 37, 39
강화물 37
강화학습 21, 31
객체탐지 145
검증 데이터 68
결측값 72
경사 하강법(Gradient descent) 59, 66
공간배열 정보 81
과적합 69
과적합 문제 80
구글의 랜드마크 146
구글코랩(google colab) 149
군집화 36
기본감정 186

ㄴ

네이버의 오픈 API 158
뇌회 82
뉴런(neuron) 11
뉴런 세포체(soma) 13
뉴런학설 13
뉴스보도의 기계적인 불균형성 144

ㄷ

다차원성 46
다층 신경망 78
다트머스 콘퍼런스 16
단위계단 함수 55
단층 퍼셉트론 20
데이터 분할 70
데이터의 위상 81
동영상 분류 147
동영상 요약 147
딥러닝 23, 31, 67
딥마인드 25, 38
딥페이스(DeepFace) 24
딥페이크(Deepfake) 120

ㄹ

럼멜하트와 동료들 22
렐루(ReLU) 24, 55
르쿤과 동료들 23
리스프(LISP) 20

ㅁ

망각 게이트 114
머신러닝 21, 22, 31, 67
메트릭스 88
모형의 정확도 71
무차별 대입 65
문자차원의 언어모형 104
문재인 141
미디어 인공지능 144

ㅂ

박대민 144
반전 82
백색질(white matter) 13
벡터(vector) 57
변형(distortion) 81
보상 37, 40
보스턴 다이내믹스 41

복합감정 186
비디오 활동인식 103
비선형성(non-linearity) 46
비용함수(cost function) 52, 68
비정형 데이터 73
비지도학습 31

ㅅ

상태(state) 40
상호 주관성 133
상황분류 146
생성모형 119, 121
생성적 대립 신경망 119
서울 열린 데이터 광장 72
선형회귀모형 50
소프트맥스 함수 80
순전파 21, 52, 63
스키너(Skinner) 37, 39
슬라이딩 필터 85
시계열 104
시그모이드 54, 55
시그모이드 함수식 55
시냅스(synapse) 12
시퀀스모형 103
신경교세포 11
신경세포 11
신인지 신경망 85
신체 대상화 134
실시간 얼굴분석 174
실제값 110
심상정 140
심층 신경망(Deep Neural Network) 24, 32

ㅇ

아서 새뮤얼 21
안철수 141
알랭 튜링 18
알렉스넷(AlexNet) 24
알파고(AlphaGo) 25
약인공지능(Weak AI) 26
언어모형 104
얼굴감정 인식 174
얼굴감지 API 165
얼굴인식 174
얼굴 태도분석 174
얼굴확인 174
에니악(Eniac) 16
에이전트(agent) 40
역전파 52
역정규화 60
연관성 36
오류 역전파 52, 61, 63
오류역전파 알고리즘 22
오차 역전파 61
완전연결 신경망 78
왓슨(Watson) 23
외적 타당도 68
위계적 신경망 분석 86
위상배열 99
윈도우(window) 88
유명인 얼굴인식 API 165
윤호영 135
은닉상태 106
은닉층 49
음성인식 103
이미지넷 경진대회 (ILSVRC) 23
이상치 72
이상탐지 146
2차 AI 겨울 22
인공 신경망(ANN) 19
인공지능 11
인공지능 이용 자기효능감 188
인지모형 관점 18
입력층(input layer) 49

ㅈ

자세추정 146
자연지능 17
장단기-기억 연결망 112
전이(shift) 82
절편값 50
정규화 54
정책 40
정형 데이터 73
제1차 겨울 20
제프리 힌톤과 동료들 23
조던 필(Jordan Haworth Peele) 120
존 매카시(John McCarthy) 16
종합편성채널 138
주피터 노트북 165
중복값 72
중앙값 73

지능 11
지도학습 31
지배적 감정 175
지상파 3사 138
직전시간 106

ㅊ

초인공지능(Super AI) 26
최대와 최소값(max, min) 60
최대 풀링 93
최윤정 138
추가 게이트 115
축삭(axon) 13
축삭 터미널 13
출력 게이트 117
출력층(output layer) 49

ㅋ

카할 12
캐글 72
커넬(kernel) 88
컴퓨터 비전 74, 134
케라스(Keras) 174

ㅌ

탐지기 88
테스트(평가) 데이터 68
토론방송 144
튜링 테스트 18
특성 검출기 88
특성지도 89
특성추출 33

ㅍ

판별모형 119, 121
패딩(padding) 90
퍼셉트론 53
편미분 50
평가(test) 70
평균값 73
평균 풀링 93
풀링(pooling) 87
풀링계층 92, 93
프랑크 로젠블라트(Frank Rosenblatt) 20
픽셀(pixel) 76

ㅎ

하이퍼블릭 탄젠트 55
학습(learning) 17, 34
학습(훈련) 데이터 68
합성곱(Convolution) 82
합성곱 계층 86, 87
합성곱 신경망(CNN) 22
합성곱 필터 87
행동(action) 40
행동심리학 39
행동인식 146
행렬(matrix) 57
허큘라노-하우젤(Herculano-Houzel) 14
호크라이터와 슈미드허버 112
홍준표 141
확인코드 156
환경(environment) 40
활성화 함수 49, 52
회백질(gray matter) 13
후쿠시마(Fukushima) 85
훈련(training) 67, 70
훈련/검증/평가용 83
휴벨과 비젤(Hubel & Wiesel) 21

AffectNet 145
AlexNet 45
API 158
ArcFace 145

BEGAN 127
black box 52
BPTT 111
BuzzFeed 120

CFR 162
CLOVA Face Recognition API 162
Conditional GAN 127
CycleGAN 127

DCGN 147
DeepFace 174
DELF 146
dimensionality reduction 93

Facial emotional detection 179

Fake Face 128
FER-2013 145, 179
FFmpeg 135
Fully Connected ANN 97

GAN 47
Generative Adversarial Nets 121
Git 149
Github 149
Google Colaboratory 150

HTTP 163

I3D 146
ILSVRC 45
InfoGAN 127

Jupyter Notebook 149

Kinetics 400 146

Leaky ReLU 54
LeNet 85
LSGAN 127
LSTM 102

Mediapipe 135
MGAN 127
MNIST 122
MS COCO 145

NaverDevelopers 158
NLP 102
noise suppressant 93

OpenCV 174

P-frame 135
POS tagging 108
Progressive GAN 127

ReLU 54
ResNet 146
ReStGAN 129
RetinaFace 145
RNN 47, 102

3D ConvNet 146
sequential data 102
Simple RNN 103
SlowFast 146
Spider 149
StackGAN 128
StyleGAN 127
sub-sampling 90

tanh(hyperbolic tangent) 51, 54
transfer learning 181

up-sampling 90

Vanilla RNN 103
VGG16 140

WGAN 127

YOLACT 147
YOLO 134
YouTube-8M 148

저자소개

박노일

차의과학대학교 의료홍보미디어학과 교수이다. 연세대학교에서 언론학 전공으로 석사학위와 박사학위를 취득했으며, 미국 미주리대학교에서 박사후과정을 마쳤다. 차의과학대학교 교무처장과 헬스커뮤니케이션연구원장, 한국헬스커뮤니케이션학회의 기획이사, 한국방송학회의 총무이사, 한국PR학회의 PR과 테크놀로지연구회장 등을 역임했다. 주요 저서로 『비전공자의 인공지능(AI)입문』(공저, 2022), 『Digital Media, Online Activism, and Social Movements in Korea』(공저, 2021), 『디지털PR이론과 실제』(공저, 2019) 등이 있다.

인공지능의 이해와 뉴스 미디어 영상분석

2022년 8월 1일 1판 1쇄 인쇄
2022년 8월 5일 1판 1쇄 발행

저　자 박노일
발행인 류재식 · 박용범
발행처 도서출판 북 넷

서울시 용산구 효창원로 70길46 대신빌딩 2층
등　록 2010년 6월 7일(제2010-000069호)
전　화 (02)395-2341
팩　스 (02)395-2303

정가 20,000원　　ISBN 979-11-86947-64-7〈93320〉

e-mail: book2341@naver.com